# Jeanne d'Arc fait tic-tac

DU MÊME AUTEUR

*aux éditions P.O.L*

IPSO FACTO, 1998

ACNÉ FESTIVAL, 1999

SPÉCIMEN MÂLE, 2001

O.N.G !, Grand Prix de l'Humour noir 2003 et Prix Rive Droite/Rive Gauche – Paris Première 2003, 2003

LE TRUOC-NOG, 2003

Iegor Gran

# Jeanne d'Arc fait tic-tac

*Roman*

*P.O.L*
33, rue Saint-André-des-Arts, Paris 6e

ISBN : 2-84682-051-1
www.pol-editeur.fr

# I

# L’enfance

## Les Nike

« Raconte-nous, onc' Guillaume, oh oui, raconte-nous donc. »

Lentement, comme un moine qui s'éveille, oncle Guillaume se gratta le bidon. Le patron lui versa une liqueur.

« Vous êtes sûrs, mes cocos, que vous voulez celle de la chaussure Nike ? demanda-t-il en enveloppant ses ouailles d'un regard bourru.

– Oh oui, la chaussure, la chaussure ! »

C'est peu dire qu'on aimait ces soirées entre habitants du coin, où la fraternité se mélangeait aux vapeurs de vin pour donner ce liquide sémiotique où flottait le bien-être. Au loin, comme une cloche, on entendait le doug-doug d'un vieux flipper.

Oncle Guillaume fit danser un mégot sous son épaisse moustache grise. Il se racla la gorge pour enlever les dernières miettes de silence.

« Je connaissais un type dans le temps, un certain p'tit Louis, un brave gars un peu branleur sur les bords, un peu looser, mais dans le bon sens du terme, vous verrez pourquoi tout à l'heure. Un jour, p'tit Louis s'est mis dans l'idée de s'acheter une paire de sportives, une de ces poussées d'idiotie comme en ont les jeunes. Avait-il touché l'assistance-pauvre, sa grand-mère lui avait-elle fait un bonus pour Noël, toujours est-il qu'il a cette somme à dépenser, dans les deux cents euros, et si vous connaissiez p'tit Louis aussi bien que moi, vous sauriez que rien ne peut le faire changer d'avis sitôt qu'il a une obsession dans la tête. Le voilà donc au magasin de sport, et là, il y a ces sportives qui lui tapent dans l'œil, avec leurs couleurs savamment délavasses, leurs éclairs comme dans la pub qu'on voit sur les panneaux d'autoroute, et vous savez les ravages que peut faire cette engeance quand on la laisse aller au cerveau.

"C'est pile poil celles ki m'faut, dit p'tit Louis (il parlait un peu comme ça, gouailleur). Mais ne croyez pas, mam'zelle, que je me laisse berner par la marque.

– Passez-les aux pieds, lui répond la vendeuse avec sa voix de sirène."

P'tit Louis flâne quelques pas dans la boutique, histoire de les sentir vibrer. Les Nike rebondissent au sol comme des demeurées et c'est tout l'intérieur de mon gars qui rebondit avec elles. Il a une impression de puissance incroyable. Il ne fait pas suffisamment attention, p'tit Louis : dans un miroir sur le mur de la boutique, quand on regarde ses sportives et l'allure qu'elles ont dans le reflet, on a l'impression de voir le logo Nike se dodeliner, on dirait les sourcils noirs d'une sombre créature. »

Ici, oncle Guillaume fit une pause pour que l'on sentît bien le poids du mauvais œil. Personne ne parlait. Je regardai Wolf qui n'en menait pas large. Il n'avait que douze ans à l'époque. Et moi, à peine plus vieux. On était facilement impressionnables.

Ayant barboté dans une gorgée d'ambroisie à l'anis, oncle Guillaume reprenait.

« Ce n'était qu'un détail évidemment, mais s'il avait été sur ses gardes il aurait eu la puce à l'oreille, et qui sait, il aurait pu remettre le magasin à son état initial et quitter les lieux de la tentation. Au lieu de cela, il paye sans se douter de rien, et il garde les Nike aux pieds.

Alors on a p'tit Louis qui marche sur le boulevard de la Résistance, et il a ses sportives qui écrasent les feuilles mortes. Autour de lui, la nature s'est enlaidie, comme si elle sentait mauvais. La malchance aux pieds, il tourne à gauche, dans la rue du Colonel-Tanguy. Jusque-là, tout va bien. Il s'arrête au bureau de poste pour toucher ses alloc, et de là il pense aller à l'ANPE, pour voir s'il y a du nouveau sur le grand panneau interstellaire, ce qu'il lui faudrait c'est un petit emploi intermittent, quand soudain les jambes n'obéissent plus. On dirait qu'il a freiné trop brutalement sur une chaussée gelée. Aucun moyen de s'arrêter, ses muscles sont comme du coton hydrophile. Ils te l'emmènent vers la place Jean-Moulin. En vain tente-t-il de reprendre la main, ou le pied, devrais-je dire. Sa volonté est muselée par une puissance invisible. Arrivé à la place Jean-Moulin… il entre dans le restaurant qui fait l'angle, un snack-bar venu de *là-bas.* »

Des exclamations outrées grondèrent, et l'oncle Guillaume se pavana au milieu de l'indignation générale.

« Oh ! oh ! Doucement ! Il ne pense pas à mal, p'tit Louis, il y va malgré lui, ce sont les maudites Nike qui le dirigent. Comme les chenilles d'un char, si vous voulez. On est près de midi. P'tit Louis a faim. Alors, forcément, comme il s'y trouve et qu'il n'a pas moyen de s'enfuir à cause des Judas qu'il a aux pieds, il prend son mal en patience, il attend que cesse le maléfice. Il attend, il attend, il a de plus en plus faim, il y a ces odeurs de hamburger qui viennent le tirailler. Les sportives pèsent une tonne dès qu'il esquisse un pas vers la sortie. En revanche, quand il fait semblant de s'approcher de la caisse, elles bondissent comme des ressorts fous, toutes contentes de le mener à sa perte. Le voilà près du comptoir.

“Monsieur désire ? demande la serveuse.

– Un verre d'eau écrasée, tente p'tit Louis.

– On fait pas, susurre la serveuse. Mais prenez donc un menu Best-Seller. C'est le menu des biceps comme vous. Et vous économisez un euro vingt.

– Sache que j'suis là malgré moi", dit p'tit Louis.

Il repart la tête basse, portant son plateau à bout de bras comme s'il cherchait à éloigner le plus longtemps possible l'horrible boustifaille. Il mâche avec des dents honteuses, le malheureux, et des morceaux de hamburger crissent dans sa gorge.

Enfin, le plateau est vide. Alors seulement les Nike veulent bien le laisser partir.

Abattu moralement, p'tit Louis rentre chez lui, où il se vautre devant le Tour de l'île, sur la chaîne régionale. C'était l'année où Maxime Filmin a remporté l'étape du col de la Vachette, vous vous souvenez ? »

Wolf et moi, évidemment, on ne se souvenait de rien, on n'était pas nés. Les habitués se tournèrent machinalement vers le coin sacré, derrière le zinc. Sur un panneau de liège à droite de la télé, plusieurs générations de patrons de bar avaient épinglé des photos jaunies, des coupures de presse aux contours incertains, quelques fanions bleus et une carte de notre île avec une boucle grossièrement dessinée au feutre noir. C'était laid et beau en même temps, couleur sépia, inimitable.

Le patron s'approcha de la carte. Il mit son index sur un point sali par d'innombrables attouchements.

« Ce putain de col de la Vachette », soupira-t-il avec une émotion où perçait l'amour infini pour son pays natal.

Les convives échangèrent quelques souvenirs cyclistes et l'oncle Guillaume fut obligé d'interrompre son récit. Qu'on aimât le sport ou pas, il y avait dans cette épreuve mythique un peu de notre patrimoine génétique.

« Et p'tit Louis, alors ? » demanda mon père quand fut venu le temps de reprendre l'histoire.

Oncle Guillaume resta silencieux.

« Onc' Guillaume, allez, fais pas ton bougon », s'empressa-t-on de toutes parts.

Il se fit prier encore un peu pour que l'on comprît qui était le maître.

« Qui ça ?... Ah oui, p'tit Louis... »

Il tortilla sa moustache.

« Le lendemain, quand il se lève vers dix heures, p'tit Louis a déjà oublié toute cette aventure, un mauvais rêve, rien de bien méchant. Il glande çà et là dans son studio puis il se souvient de la manif. Le rassemblement était prévu à treize heures, puis le cortège devait remonter l'avenue du Général-Leclerc. Il met les maudites Nike et il prend par l'avenue de la République. Drôlement confortables, ces saloperies de sportives ! Il marche sans aucun effort, comme sur un tapis volant, quand il aperçoit les premières banderoles. “Spielberg, rentre chez ta mère”, “L’exception culturelle n’est pas un Big Mac”, etc. Alors il sent à nouveau ses jambes flageoler et ses pieds s’emmêler. Ça tangue tellement qu’il ne parvient plus à avancer. Il bifurque par une petite rue, puis il fait une boucle pour revenir se fondre dans l’avenue de la 2e-DB, mais dès qu’il voit au loin la foule joyeuse, ses extrémités se coupent de sa volonté, il perd le contrôle. Les larmes aux yeux, il voit au loin défiler la fanfare sans jamais pouvoir la rejoindre. La manif a dépassé la place Jean-Moulin depuis longtemps quand p’tit Louis y arrive enfin, essoufflé par tant de lutte, les genoux sans vie. Devant ses yeux durcis par l’effort, il a l’impression de voir danser un grand M jaune, tirant par moments vers le rouge : Méphistophélès. Comme dans un rêve, ou devrais-je dire cauchemar, il pousse la porte vitrée, il voit ses mains, ses propres mains, qui poussent la porte vitrée !

“Ah, monsieur est revenu, lui dit la serveuse. Ce sera un menu Best-Seller, comme la dernière fois ?

– Te réjouis pas trop vite, face de béton, répond p’tit Louis. J’ne mange ton bœuf à la dioxine ki contraint et forcé.”

Assis derrière une plante verte sans personnalité, comme ils en ont dans ce genre d’endroits sordides, p’tit Louis réfléchit à ce qui lui est arrivé depuis son malheureux achat, et il comprend. Les Nike de calamité le poussent vers des modes de consommation dont il ne veut pas, des plans pas nets, venus de *là-bas*, dont le restau rapide est la partie émergée. »

La dernière phrase fut à peine audible, comme arrachée des lèvres d'oncle Guillaume. Il nous faisait partager un grand secret. Un frisson de peur nous fit baisser les yeux. Le bonheur de l'instant présent devint palpable. Ah que l'on était bien, dans ce troquet chauffé par nos haleines, avec tous nos parents et amis, de la liqueur au fond des verres (de la grenadine tiède pour les enfants), ce bon oncle Guillaume à l'épaisse moustache grise où l'on avait envie de s'enfouir comme dans un Clemenceau, alors que dehors, dans le noir et le froid, de mauvais esprits soufflaient sur notre île enchantée.

On resta silencieux un moment.

Wolf me chuchota du coude :

« Dis-moi, Jean-Ramsès, si Tintin se battait contre Astérix dans une bataille genre tous les coups sont permis, ce serait qui le gagnant ?

– Arrête avec tes sondages puérils.

– Ouais mais quand même, Jean-Ramsès. T'as bien une opinion. »

Je n'en savais fichtre rien. Un jour, je me disais Tintin, le lendemain Astérix. Aujourd'hui, quand j'y repense, je m'interroge encore, non sans un certain plaisir régressif, sur les conséquences d'un tel affrontement. Je fais le voyage mental vers la Voie lactée de mon enfance, bercée qu'elle a été de contes formidables, je me mets à rêver de ce temps de l'insouciance où les problèmes de l'univers se résumaient à cette confrontation insensée, fratricide. Tintin contre Astérix !

« Les mômes, si vous n'écoutez pas, vous sortez ! »

Le patron tapa sur le zinc. Les adultes nous regardaient avec réprobation.

Le bavardage réprimé, oncle Guillaume poursuivit.

« Un soir, p'tit Louis se décide à jeter ces Nike pratiquement neuves à deux cents euros la paire. Au dernier moment, sa lucidité l'en empêche. Et si des enfants innocents les trouvent ?... Les affreuses sportives ne feraient qu'une bouchée de leurs consciences à peine ébauchées. Ce ne seraient pas uniquement les jambes qui risqueraient de désobéir mais l'ensemble de l'organisme. On obtiendrait des petits soldats à la solde de Nike, lobotomatés par la puissance obscure...

Surtout, p'tit Louis se croit suffisamment fort pour tenter de combattre la malédiction. Les jours suivants, il fait exprès d'enfiler les sportives dès le plus tôt matin, et pour avoir davantage de temps à consacrer au combat, il se lève désormais avec le chant du coq. Après un petit-déjeuner copieux, il part faire du footing. Il va où bon lui semble, car les restaurants chez nous n'ouvrent qu'à dix heures, pas avant. Quand on approche de l'heure fatidique, p'tit Louis s'éloigne le plus possible de la place Jean-Moulin, mais pas trop, d'une part pour ne pas tomber sous l'emprise d'un hamburger voisin (on sait que cette mauvaise herbe a quadrillé nos villes), d'autre part pour tester sa résistance à l'attraction diabolique.

Les jours où il se sent trop vulnérable pour résister aux chaussures, il se réfugie à la cinémathèque, mais là aussi il a des surprises. Les Nike le tirent vers une salle où l'on passe une grosse production de *là-bas* dégoulinante d'effets spéciaux : or massif en toc, comme ils en ont le secret.

"Monsieur rêve d'Hollywood, jacassent les ouvreuses.

– Et ta sœur, répond p'tit Louis. Si tu crois ki je ne vois pas l'action subliminale de tes cochonneries qui veut m'faire acheter des lessives capitalistes !"

Car p'tit Louis, tout looser qu'il est, a toujours eu une conscience aiguisée, un sixième sens si vous préférez, et il arrivait à percevoir les messages secrets contenus dans ce genre de films.

Au cours de la semaine qui suit, p'tit Louis parvient à éviter le malheur deux fois sur sept, le mercredi et le dimanche. C'est un bon début, mais il y a de la marge. La semaine suivante, le temps est mauvais, et p'tit Louis constate que la pluie a tendance à amoindrir les pouvoirs des sportives. Alors il saute exprès dans les flaques, il patauge dans la boue, il leur abîme le moral tant qu'il peut à force de salissures. Résultat, trois snack-bars seulement. La semaine suivante, rechute : quatre snack-bars. Mais il ne lâche pas prise car il n'est pas question de se coucher devant les forces occultes venues de *là-bas*, c'est une question de dignité. Semaine après semaine, il s'impose cette nouvelle hygiène de vie, faite de sport et de combat intérieur... »

Soudain une voix nasillarde, venue d'un coin sombre :

« Je n'y crois pas une seconde. »

Tout le monde se figea. Oncle Guillaume leva lentement ses yeux burinés sur l'intrus qui s'était permis une telle profanation. On aurait dit qu'il ajustait un canon. C'était l'oncle Abe – qui d'autre ? –, une vague relation de la famille de mon père, un habitué des provocations de ce genre. Celle-ci ne nous faisait pas rire, mais alors pas rire du tout.

« Comment ça *J'y crois pas* ? », gronda oncle Guillaume, et sa moustache frémit.

Oncle Abe ne se démonta pas.

« Votre Louis aurait inventé cette histoire grotesque pour expliquer à sa copine pourquoi il était tout le temps fourré au snack-bar au lieu de chercher du travail. Et quelque chose me dit qu'il y a de la serveuse là-dessous. »

On crut que le bistrot allait exploser. Oncle Guillaume se dressa de tout son poids et abattit ses gentilles paluches sur le zinc.

« Quoi ? Tu m'accuses, fumier, d'avoir… Je vais t'apprendre la… »

Il manquait d'air.

Discrètement, je me penchai sous la table pour examiner les chaussures d'oncle Abe. Il m'était venu à l'idée que c'était des Nike. (Plus tard, je vous raconterai comment on en trouva effectivement dans son armoire à vêtements, mais c'est une autre histoire.)

Tant bien que mal, le patron fit dégager l'oncle Abe, puis nous nous appliquâmes à consoler notre vaillant moustachu de l'offense qui lui avait été faite. Le patron déboucha sa meilleure pêche et la femme du patron vint la servir en personne. Quand tout le monde se fut rincé l'œil (il est de notoriété publique que les filles de notre île sont les plus belles du monde), mon père entonna un chant du pays, bientôt repris par tous. Wolf, qui ne connaissait pas les paroles, chantait « trala-la-la » et trois mots du refrain avec un enthousiasme assez niais.

« Allez, onc' Guillaume, venez chanter avec nous. »

D'abord réticent, oncle Guillaume finit par plisser légèrement ses yeux dans ce qui pouvait passer pour un demi-sourire noyé au fond de sa moustache grise. On l'entendit marmonner « quel salopiaud tout de même » et « y manque pas de bassesse », puis il se joignit à nous, de sa voix basse rongée par le tabac.

Après la chanson, il nous regardait à nouveau avec bienveillance. Il fit signe de le rejoindre autour d'un bon verre.

« On ne va pas laisser un imbécile nous casser l'ambiance, hein. Cette histoire mérite qu'on la raconte jusqu'au bout. »

Il s'arrêta une seconde, le temps de lever le coude, puis continua :

« P'tit Louis se bat. Les Nike résistent. P'tit Louis met du cœur à ses jambes. Les Nike freinent des quatre fers. Une semaine c'est p'tit Louis, la semaine suivante c'est Nike. Nike – p'tit Louis. P'tit Louis – Nike. Au fil des épreuves, son visage se durcit. Les muscles des mollets ont gonflé. Ses amis ne le reconnaissent plus. Ils s'étaient habitués à un mollasson, ils découvrent un type à l'allure fière. C'est bête à dire mais il a un but dans la vie.

Un soir qu'il n'a rien à faire, p'tit Louis prend une bombe de peinture et tague le snack-bar. Sur la porte vitrée, il marque : “Retourne laba !” Laba, en attaché et sans s à la fin. Et, sur la photo d'un hamburger, il ajoute : “Imonde”, en oubliant un m car il n'a pas fait beaucoup d'études.

Ça le soulage. Il a l'impression que la force magnétique des Nike a fortement diminué. Les jours suivants confirment ce progrès. Certes, elles l'attirent encore vers la place Jean-Moulin, et s'il ne fait pas attention, il se retrouve sur la mauvaise pente. Mais il lui suffit maintenant d'un tout petit effort de volonté pour éviter de sombrer. S'il prend la peine de se concentrer, il peut même se permettre de venir parader en face du snack-bar sans y entrer pour autant. Il fait deux tours, na-na-nère, et il s'en va manger une sardine-huile et une salade verte au bistrot d'en face.

À cet instant, son combat est pour ainsi dire gagné, même s'il y a ce résidu de maléfice. Il a fait l'essentiel du travail. Seulement sa copine, elle, ne veut pas prendre de risques. Pendant que son homme flâne à un entretien d'embauche, elle brûle les Nike et enterre les restes au fond du jardin.

En rentrant, p'tit Louis est un peu déçu car il voulait sortir de l'aventure la tête haute, et non par un subterfuge. Pendant plusieurs jours, il est cassant, on se demande même s'il ne va pas rechuter dans l'apathie branleuse. Heureusement il a trouvé du travail chez un agent d'assurances, quelque part vers La Normande. C'est paradoxal, voyez-vous, mais ce sont les Nike qui lui ont permis de se dépasser, ou plutôt son combat contre elles. Une morale à méditer pour nous tous. »

Le récit terminé, oncle Guillaume s'étira, puis il se tourna vers nous.

« Et maintenant, les enfants, c'est l'heure d'aller dormir.

– Tu nous en raconteras encore, dis, onc' Guillaume ?

– C'est promis, les enfants, si vous filez tout de suite. Et rappelez-vous, *immonde* s'écrit avec deux quoi ?… C'est important, l'orthographe. »

Cette nuit-là, je ne pus fermer l'œil. Les vents battaient contre les volets. J'avais beau savoir que les Nike maudites avaient été brûlées, je m'imaginais que l'esprit maléfique en avait échappé et qu'il errait maintenant sur notre île à la recherche de sportives complaisantes où il pourrait se loger. Quand j'eus enfin trouvé le sommeil, je vis une femme à demi nue qui me parlait à travers les flammes.

« Jeanne ! criai-je.

– Ils ne perdent rien pour attendre », me sourit-elle.

Le feu tétait ses habits et dévoilait ses voluptés. Je n'eus pas le temps de la posséder. Son visage se consuma en un instant et je sombrai dans le néant.

## Les lunettes au césium

La paume coincée dans le menton, la moustache hirsute, oncle Guillaume nous attendait.

« Alors ce contrôle ? Les doigts dans le nez ? »

On était un peu confus.

« Eh, charriez pas, les enfants, c'est important les mathématiques. Tenez, à ce propos, j'ai une histoire à vous raconter, si vous avez le temps. »

Pour sûr, qu'on l'avait ! Le patron, tout sourire, nous apporta des grenadines et l'on se serra sur la banquette.

« Connaissez-vous monsieur Jussac ?... Je vois que non. Vous devriez, pourtant. Il est connu, enfin, dans son milieu. Il dirigeait une entreprise de plaques de béton. Il employait dix salariés, des Marocains pour la plupart, et une secrétaire qu'il payait le moins possible, mais c'était de bonne guerre, vous le verrez tout à l'heure. Le béton de

Jussac SARL est reconnu comme un des meilleurs, et je ne crois pas me tromper en disant que chaque maison ou presque, surtout au centre de notre île, contient au moins une de ces fameuses plaques.

Un jour, monsieur Jussac doit prendre l'avion pour aller négocier un gros contrat, à Damas ou Khartoum, peu importe. Comme il attend son tour à l'enregistrement, il s'aperçoit que le passager précédent a oublié ses lunettes, de fines lunettes en métal bleuté, là, au guichet. Il n'en a jamais vu des comme ça, tout en reflets dorés, on dirait des étoiles filantes à la veille de Noël, et qui ont l'air de peser rien du tout, légères comme un pet.

"C'est à vous les lunettes ? demande l'employée au sol.

– Euh", hésite Jussac.

Bref, quand il finit l'enregistrement, il repart du guichet en les emportant délicatement dans la paume. "À qui peuvent-elles appartenir ? s'interroge-t-il. Et quel est cet étrange alliage ?"

Ce qui l'intéresse, en tant qu'ingénieur, c'est la souplesse incroyable de l'armature et la pureté des verres, à peine visibles, encore faut-il les regarder de biais, sous un fort éclairage rasant, alors seulement on aperçoit une trace, infime, comme une larme tombée dans un ruisseau. Sur le côté gauche, il repère une inscription. *Robert Smith, Tucson, AZ.* Alors il comprend qu'elles viennent de *là-bas*. »

Nous retînmes notre souffle. Mon père s'arrêta de manger et fixa oncle Guillaume. On voyait des volutes de vapeur s'échapper de ses lentilles aux lardons.

« Crénom, elles sont bonnes, ces lentilles, poursuivit oncle Guillaume en plongeant sa fourchette dans un énorme plat spécialement servi pour lui. On voit que c'est plein de vitamines, de la bonne lentille bien de chez nous, mais il faut la prendre au marché de Bas-Gonesse, pas au *Huit-à-huit*, c'est ce que je dis toujours. »

Il se mit à mâcher lentement.

« Raconte la suite ! » ne put se retenir mon père.

Oncle Guillaume parut préoccupé.

« Quelle suite ? » fit-il, l'air innocent.

On était au comble de la mauvaise foi, mais c'était comme ça qu'on l'aimait, notre oncle Guillaume. Sa moustache souriait malicieusement et un monde merveilleux se déployait devant moi, m'enveloppait et me berçait. J'éprouvais un amour quasi filial pour ces poils drus, tendrement délavés par le temps, où disparaissaient comme par magie les fournées de lentilles.

Enfin rassasié de notre impatience, oncle Guillaume daigna poursuivre.

« Jussac a devant lui une heure d'attente car son vol est retardé. Il rôde dans l'aéroport, il tue le temps dans un Relais H en matant distraitement les filles en couverture des magazines féminins, quand lui vient l'idée d'essayer les lunettes. Il a l'impression qu'elles devraient lui aller.

"Je prends le Figaro, dit Jussac revêtu de ses nouvelles lunettes. Et... Avez-vous quelque chose sur le bâtiment ? Le *Moniteur*, peut-être ?"

Il lève les yeux.

"Le hors-série *Béton français* est épuisé", lui répond le jeune vendeur à 12 670 € net.

Au milieu du front, il y a un chiffre noir.

Jussac ne comprend pas. Il enlève ses lunettes, le chiffre disparaît. Il les remet, le chiffre revient, clair et précis, 12 670 € net.

"Qu'est-ce qu'il y a, fait le vendeur. J'ai une tâche ?"

Jussac est perplexe. Il se demande ce que cela veut dire. Dans la queue derrière lui, on s'impatiente. Un monsieur à 34 765 € net, fort de son costume bleu ciel, bouscule Jussac et tend sa monnaie. Une jeune fille sportive à 15 660 € net attend avec son *Biba* à la main. Un gamin à 240 € net tente maladroitement de voler un *Géo*. »

On échangea un regard consterné, Wolf et moi. Il nous arrivait de voler des journaux, mais c'était principalement des *Playboy*.

« Jussac sort du Relais H, en se demandant ce que cela veut dire. Tous ceux qu'il croise portent un chiffre en euros net gravé sur front. Parfois, surtout avec les enfants, mais aussi avec quelques femmes, c'est le zéro. "Et moi ? se demande-t-il au bout d'un certain temps. Quel chiffre invisible à l'œil nu se cache sur mon front ?"

Il va aux toilettes, et là, dans un miroir, il découvre une somme rondelette, 76 999 € net, une somme qui lui rappelle vaguement quelque chose.

En sortant des toilettes, il voit passer une brigade de sapeurs-pompiers à 21 675 € net, tous pareils, à l'euro près, sauf le sergent qui est à 24 765 € net.

– J'ai compris, fit mon père. Ces chiffres c'est le salaire annuel net de charges. Il est de zéro pour les enfants et les femmes au foyer.

– Bravo, mon garçon, dit l'oncle Guillaume. Tu as tapé juste.

– Mais c'est monstrueux ! s'écria le patron. Des lunettes pareilles, ce devrait être interdit ! »

On était tous à y aller d'un petit commentaire dans le même sens, quand soudain, une voix au-dessus des autres :

« Il n'y a pas à les interdire, puisqu'elles n'existent pas. Comme les lunettes aux rayons X, celles qui permettent de voir à travers les jupes. »

Oncle Abe, car c'était encore lui, nous apostrophait de l'autre côté du flipper. Accoudé à une bière brune, il nous regardait avec ses yeux d'hyène, mi-rieurs mi-fossoyeurs. Ah, il ne pouvait s'empêcher de mettre son grain de sel rabat-joie. Il fallait qu'il minât nos sympathiques discussions. Pourquoi était-il aussi mesquin ? Certaines personnes ne vivent que pour l'embarras qu'elles procurent aux autres.

Oncle Guillaume se fâcha (il se fâchait toujours, parfois il me faisait penser à une machine à se fâcher). Il insulta copieusement oncle Abe avec des expressions qui nous ravirent, nous, les enfants qui n'avions même pas le droit d'y penser. L'oncle Abe resta de marbre, tout penaud avec des mots pâteux qui pleuvaient sur sa tête. Si je n'avais pas connu sa nature malfaisante, j'en aurais eu pitié. Quoique. Il laissa passer la bourrasque et... haussa les épaules. Pire, il répondit, l'effronté, posément comme un aristocrate, il répéta son incrédulité au visage d'oncle Guillaume et observa la réaction comme un savant fou observe la collision de deux liquides dangereux dont le mélange produit immanquablement une explosion. Son instinct de nuisance jubilait.

Pendant le chahut, Wolf me joua du coude et l'on s'éclipsa discrètement, comme on avait prévu la veille. Pour une fois, les élucubrations de l'oncle Abe nous arrangeaient. Personne ne fit attention à nous. Nous nous faufilâmes vers la porte de derrière et nous partîmes vers le salon de madame Saint-Ange.

Vous connaissez, je n'en doute pas, le salon de madame Saint-Ange, au moins de réputation. Qui d'entre nous n'a pas vu, au moins en rêve, ses boiseries chargées de putti, ses tapis épais comme le péché où l'on marchait pieds nus comme sur la meilleure des plages, ses plafonds rococo du plus mauvais goût. Les filles, toujours très habillées pour faire durer le plaisir et serviables par-dessus le marché, de la meilleure fille qui fût, étaient presque secondaires dans un tel décor.

« Il nous faut de l'argent », remarqua Wolf quand on s'approcha du palace. Il s'inquiétait pour rien. Trois jours avant l'escapade, j'avais glissé mon nez prévoyant dans les économies du ménage. Mon père les planquait sous le lave-linge, dans un sac plastique *Huit-à-huit*.

Seulement, par inexpérience, je n'en avais pas pris assez. La faute à mes treize ans. La somme convenait parfaitement pour une dizaine de sorties au cinéma, même en y ajoutant des glaces et le taxi, mais je compris rapidement que les services de madame Saint-Ange appartenaient à une catégorie supérieure. Le catalogue était nettement au-dessus de nos moyens. Des filles superbes passaient devant nous pour se rendre au bar, dame maquerelle nous indiquait le prix, et l'on faisait semblant de ne pas être intéressés. Elles finissaient par monter à l'étage doré au bras d'un costard-cravate qui nous jetait au passage un regard amusé. Il était palpable, ce fossé qui nous séparait de l'âge adulte.

Au bout de quelques filles que l'on avait ignorées, dame maquerelle ne prit plus la peine de nous parler, se contentant de hocher tristement sa tête pleine de chiffres. Ah, j'aurais aimé avoir les lunettes magiques de Jussac pour lire sur son front !

On devait avoir l'air désespérés car elle eut pitié.

« Vous avez combien à vous deux ? »

Je lui montrai les billets de mon père.

« Mouais, fit-elle. On ne va pas faire fortune avec ça. M'enfin, comme vous êtes de la région et que c'est la première fois que je vous vois à la boutique, je veux bien faire un geste commercial de bienvenue. Josiane, viens voir un peu ! »

Et Josiane vint. Elle aurait pu être notre grand-mère, Josiane, on s'en fichait, ses yeux pochés par la vie et ses pommettes vermeilles étaient un détail à côté de la démangeaison qui nous possédait. Le grand saut dans l'inconnu ! Un chameau ne nous aurait pas dégoûtés, pourvu que cela se passât sur un lit à baldaquin de chez madame Saint-Ange.

« Occupe-toi des dents de lait », dit dame maquerelle en nous désignant du petit doigt.

Plus tard, on devint des clients fidèles. Les économies de mon père furent investies dans ma formation. Mais c'est une autre histoire.

La chose faite, on se dépêcha de rentrer. Oncle Guillaume avait repris son récit : une liqueur grelottait amoureusement au fond de sa paume. Le fard de ses joues ne s'était pas encore dissipé mais l'oncle Abe ne zonait plus dans les parages. La bonne humeur des convives indiquait qu'on l'avait proprement remis dans son pot de chambre.

Nous tendîmes aussitôt nos oreilles :

« ... quand Jussac lui dit : "Toi, ma vieille, je ne veux pas t'augmenter." Alors l'autre, arrogante (vous savez comment sont parfois les femmes aux emplois subalternes) : "Monsieur Jussac, vous m'aviez promis un coup de pouce l'année dernière." Jussac, imperturbable : "N'avez-vous pas eu votre *coup*, comme vous dites ?" Et l'autre : "Comment, quoi, comment ?", et Jussac : "Allons, ne vous fâchez pas, mégère, ne vous ai-je pas payé le restau pour solde de tous comptes, vous aviez même mangé des langoustines, si ma mémoire est bonne." Elle en reste comme deux ronds de flan. "Monsieur Jussac, vous êtes un monstre ! Moi qui pensais que vous aviez des sentiments. " Et Jussac : "Au moins, je ne triche pas sur mes revenus, moi. Je sais très bien que vous avez un deuxième employeur, c'est inscrit sur votre front, à moins que vous ne revendiez mes fichiers clients à la concurrence ou un autre trafic du même genre."

C'est ainsi qu'il a démasqué la petite vermine, grâce à ses lunettes. L'histoire ne s'arrête pas là. Fort de ses nouveaux pouvoirs, Jussac passe les dix salariés au scanner. Ceux qui ne trichent pas et consacrent toute leur énergie à l'entreprise sont augmentés : on voit aussitôt les chiffres sur leur front croître pareillement. Les resquilleurs, en revanche, ceux qui se servent sur la bête en volant des stylos bille ou des blocs de post-it, tous ces menus larcins de bureau, considérés par les lunettes comme des avantages en nature, sont convoqués aussitôt pour faute grave. "Viré !" hurle Jussac. Le chiffre sur le front tombe alors au seuil incompressible du RMI, et Jussac ressent une grande satisfaction de Salomon.

En rentrant chez lui, sans penser à mal, il dit à sa femme : "Viens voir, chérie, j'ai de nouvelles lunettes extraordinaires." "Ah, je ne savais pas que ta vue avait baissé à ce point", lui répond-on de la cuisine. Puis, intriguée, elle pousse la porte du salon : "Bonjour spoutnik !... ", qu'elle fait devant la tête à lunettes de son mari. Silence effrayant de Jussac. Elle : "Ben quoi, qu'est-ce qu'il y a ?"

Il y a que Jussac lit sur le front de sa femme un chiffre qui n'est pas le zéro et de loin. Sa femme a donc des revenus, elle aussi, et il n'en sait rien ! Comment est-ce possible ? Jussac donnerait sa conscience à couper qu'elle n'a aucune compétence particulière. Elle n'a jamais travaillé de sa vie. Ou est-ce cette après-midi qu'elle prend par semaine pour faire du shopping avec son amie Jacqueline et qu'elle passerait à tout autre chose ?

Le soupçon se met à ronger l'os à moelle. Il envisage de nombreuses possibilités mais aucune ne correspond. Madame Saint-Ange, finit-il par penser, à tort ou à raison. “Voilà où elle travaille, la garce !” Jussac demande le divorce, et l’obtient facilement car il est devenu insupportable.

Ensuite tout s’accélère. Humainement, il dévale la pente. Le chiffre sur le front devient pour lui le seul critère qui compte. On dirait un type de *là-bas*. Il classe ses amis en fonction de leurs revenus et il finit par se fâcher avec tout le monde. Il ne fréquente que les parvenus, avec une préférence pour les jeunes as de la finance. D’aucuns prétendent qu’une odeur de décomposition l’accompagne partout où il va. Je mettrais un conditionnel, tout de même. Le problème, c’est qu’il est désormais difficile de trier les racontars pour faire la part de l’exagéré, car Jussac disparaît.

On est réduit aux hypothèses. On sait seulement que, pour se venger, la secrétaire a dénoncé au fisc quelques indélicatesses commises par la SARL Jussac. La comptabilité n’a jamais été son fort, à Jussac, si vous voyez ce que je veux dire. Un zéro par-ci, un zéro par-là – où est la différence ? L’agent vérificateur se pointe. Jussac le fait entrer dans son bureau, où ils s’enferment pour l’après-midi. Parfois des bruits de voix inintelligibles parviennent à la secrétaire. “Mais que fabriquent-ils ?”» se demande-t-elle. Dix-sept heures – ils ne sont toujours pas sortis. Dix-sept heures trente – toujours rien. “Ça doit barder pour le gros porc”, pense-t-elle. Dix-huit heures –

la secrétaire regarde sa montre et décide de rentrer à la maison. “Je ne suis pas payée pour faire des heures sup.” Elle a raison, en un sens. L’ennui c’est que personne n’a revu Jussac vivant. Il s’est volatilisé comme s’il n’avait jamais existé. »

On resta pétrifiés quelques instants.

« Et les lunettes ? demanda le patron.

– Personne ne les a jamais retrouvées. Ce qui est sûr, en revanche, c’est que les contrôles fiscaux ont méchamment augmenté, du côté de Lucques-lès-Chevreuse. »

Un verre à bière s’échappa des mains du patron et se suicida sur le carrelage.

« Oh la vacherie ! » murmura-t-il.

Ses yeux s’affolèrent et ses jambes flageolèrent. Il s’assit comme fauché à côté de l’oncle Guillaume.

« Alors ce sont les fouines qui les ont, résuma mon père.

– Y a des chances », soupira oncle Guillaume.

Un malaise parcourut l’assistance. Le facteur se frotta nerveusement le front comme s’il pensait effacer les sinistres chiffres cafteurs. On se sentait chamboulés. Qui d’entre nous n’avait eu ses moments de faiblesse, désormais clairement visibles sur le front de chacun ? On resta silencieux, chacun soupesant la gravité de ses péchés. Moi, je pensais à l’argent que j’avais pris chez mon père.

« Ces parasites sont pires que des étrangers, finit par lâcher le patron.

– Comme tu y vas, dit Jean-Marc, le pharmacien. Je préfère de loin un bon vieux contrôleur de chez nous. Hein, les gars ? On peut toujours trouver un langage commun avec ces diables-là. Regarde l'histoire à Jussac. Il a trouvé un compromis. Le bon réflexe. Donnant, donnant. Moi, je parie qu'il est aux Bahamas, le Jussac, à toucher un pourcentage sur chaque redressement effectué grâce aux lunettes.

– On doit pouvoir plaider, cogitait l'avocat. Les phénomènes paranormaux n'ont pas leur place dans le Code civil. Je me demande si les lunettes constituent une preuve juridique suffisante. »

L'instituteur secoua la tête :

« Jean-Marc a raison. Soyons pragmatiques. Si je croise l'agent aux lunettes, je ne perdrai pas mon temps à nier (à quoi bon ? puisqu'il a la preuve devant lui), je lui proposerai un échange de bons procédés, par exemple en négociant un léger coup de pouce pour ses gosses aux examens. »

Et tard dans la nuit, il y eut de la lumière au bistrot de l'île. Chacun cherchait à se rassurer auprès des autres. La discussion n'en finissait pas. Wolf et moi, fatigués par les événements remarquables de la journée, nos jeunes couilles vidées par Josiane, nous luttâmes en vain contre le sommeil. Je m'endormis sur une banquette, comme un bienheureux. Puis mon père me réveilla et l'on rentra à la maison.

## Un revenant

Les dimanches sur notre île étaient tristes comme des perroquets morts : pas un magasin d'ouvert, pas un bowling, un ennui généralisé qui pousserait au crime le plus sage des adolescents. On traînait misérablement notre existence, les heures stagnaient sur la pendule, on se serait cru à l'extérieur du système solaire, perdu quelque part à la périphérie de la vie, dans des ténèbres éternelles fouettées par la pluie. Nous étions trop jeunes encore pour comprendre que l'ennui est ce qui distingue l'homme des autres animaux de la création, qu'il faut cultiver son ennui comme on cultive la raison ou l'intelligence.

Ce dimanche-là surtout était pénible car notre absence flagrante d'argent anéantissait tous nos projets – le bon sens commandait de limiter pour le moment les prélèvements chez mon père. Les beautés entrevues chez madame Saint-Ange encombraient nos pensées tandis que notre envergure financière se limitait à une partie de flipper. Ce vertige créé par le désir des sens confronté à la réalité des moyens rendait fébriles nos visions du futur.

« Cool, c'est quoi pour toi le métier que tu veux faire ? me demanda Wolf tandis que l'on faisait les cent pas devant le bistrot encore fermé. Moi, je me vois bien mercenaire ou pirate, un film avec de l'action, car je m'ennuie précaire, un rat ne s'ennuie pas autant. »

Je l'écoutai avec le sourire – il avait ce parler populo que je méprisais un peu – et je m'en sortis par une pirouette :

« Sélectionneur de filles chez madame Saint-Ange ! »

On partit d'un fou rire qui raccourcit d'autant l'après-midi engourdie.

« Eh, attends, attends, le gant de boxe qui tartine la gueule, reprit Wolf. Ça c'est un beau métier.

– Le ticket de loterie qui gagne deux millions ! enchéris-je.

– Le lance-flammes de Jack l'éventreur !

– Le cachet de la poste qui fait foi ! »

On se bidonna encore un peu.

Enfin, le patron leva son rideau et nous nous précipitâmes vers les places près du radiateur, les plus convoitées, en face de la table où aimait s'asseoir oncle Guillaume. Sa chaise vide, en bois laqué, toute simple, resplendissait comme un trône de souverain. On la regardait avec piété, on scrutait le vide laissé par oncle Guillaume en nous interrogeant sur son apparition prochaine et la teneur de ce qu'il nous raconterait ce jour-là. Autour de nous, les habitués s'entassaient.

On vit l'oncle Abe qui tournait autour de la chaise vide, peut-être songeait-il à s'y poser – c'était à peu près la seule chaise vide du bistrot –, mais nos regards remplis d'antipathie et de détermination eurent tôt fait de le dissuader. Il se rabattit sur un coin sombre où il consomma en silence.

L'oncle Guillaume arriva juste après. Quand il vit l'oncle Abe, son regard s'assombrit légèrement, mais on lui donna tellement d'émotions positives en l'encourageant, le tapant dans le dos, le cajolant de toutes les manières, qu'il finit par s'asseoir avec nous, et son sourire moustachu nous enveloppa avec bienveillance.

« Les dimanches comme le nôtre sont faits pour des histoires lugubres, commença-t-il. Une histoire de ce genre est arrivée à notre instituteur de l'école primaire des Blagis, monsieur Palissy. Une histoire de revenant. »

Il y eut un silence chargé. Oncle Guillaume se rafraîchit la gorge et poursuivit.

« Un jour, il y a déjà pas mal d'années, monsieur Palissy est au supermarché du coin, en train de se choisir du jambon sous cellophane, quand il voit un vieux type pas très bien habillé, dans les soixante-dix, soixante-quinze ans, difficile à dire, au rayon fromages, un type au visage assez carré, très laqué, comme enduit de bronze, plutôt bien bâti, avec une bedaine honnêtement gagnée et un costume de flanelle un peu vieux jeu. On a l'impression de le connaître, ce type, un vague sentiment de déjà vu, mais où ? – impossible de se rappeler. Palissy est très intrigué, tellement intrigué qu'il s'arrange pour se trouver dans la queue derrière lui. Il prend note de son sourire machinal à la caissière : un sourire fabuleux, avec de nombreuses dents parfaitement bien rangées et blanches comme à la parade, un sourire étonnamment frais pour un homme de cet âge. Il l'entend murmurer "merci" avec un léger bafouillage qui ressemble à un accent étranger. Il le voit sortir du magasin sans regarder personne, comme un criminel qui se dérobe.

Palissy veut en avoir le cœur net. C'est un homme droit, consciencieux. Il paye son paquet de jambon et suit le type. Il se débrouille pour marcher tout à côté de lui et l'observer de très près. C'est en traversant le carrefour qui mène à la Chèvre bègue, qu'il comprend soudain, comme une illumination. Le type n'est autre que John Fitzgerald Kennedy, en personne trente-cinquième président de *là-bas*. Certes il a vieilli, les traits se sont empâtés, mais il a toujours ce maintien de premier de la classe pourri par le fric, cette dégaine de play-boy qui se croit invincible. Le maître du monde est déchu, il n'en perd pas son panache pour autant.

Pétrifié par son extraordinaire découverte, monsieur Palissy manque de se faire écraser pendant que des conjectures incroyables se bousculent dans sa tête.

Pendant ce temps, à mille lieues de se sentir repéré, Kennedy traîne ses cabas comme un vulgaire citoyen lambda vers la cité de la Prospérité qui jouxte la zone industrielle. C'est là qu'il habite, dans l'immeuble G, à droite après le parking. L'ayant suivi jusque-là, Palissy s'assied sur un plot en béton et tente de faire le point. D'un côté, il lui paraît fou que Kennedy vive ainsi incognito dans une zone à forte mixité sociale, en banlieue française, d'un autre il passe en mémoire les reportages sur son assassinat, les numéros spéciaux d'*Historia*, le film d'Oliver Stone, tout ce qu'il a pu voir ou lire sur le sujet, et cette documentation est formelle : il s'est passé quelque chose de pas très orthodoxe en cette après-midi du 22 novembre 1963 à Dallas. Ce n'était pas un assassinat classique. Troisième balle ou pas, deuxième homme ou non, mafia, KGB ou Cubains, voire Johnson, peut-être même Jackie ou Zapruder, le moins que l'on puisse dire c'est qu'il y a des zones d'ombre. Connaissant la duplicité des serviteurs de Magog, leur manque de scrupules et la facilité qu'ils ont pour manipuler les informations, il n'est guère étonnant que des révélations incroyables surgissent à intervalles réguliers et pimentent cette ténébreuse affaire.

Afin d'y voir plus clair, monsieur Palissy revient plusieurs fois à la cité de la Prospérité, dans la mesure où lui permettent ses horaires d'instituteur du primaire. Il s'installe sur un plot de béton ou s'adosse au préau en faisant semblant de lire son journal. Il peut ainsi observer les allées et venues de Kennedy sans trop se faire remarquer (sauf par un groupe de jeunes qui se mettent à lui taxer des cigarettes).

Un jour, la chance est de son côté. Kennedy sort accompagné d'une dame et s'arrête juste à côté de lui, à un crachat. Ils se tiennent par la taille en se faisant des enfants dans le cou. Palissy a tout le loisir d'observer son client de face trois quarts. Quelle ressemblance ! Il aurait certes besoin d'un petit brushing, peut-être même d'une séance ou deux à liposucer, oh, trois fois rien, une intervention minime pour rehausser les bajoues et enlever les poches, mais c'est lui tout craché, le fringant JFK des rugissantes sixties, l'incorrigible tombeur du sexe faible.

Mais ce n'est pas tout. La dame ! En l'observant attentivement, Palissy détecte des airs de déjà vu… »

Oncle Guillaume leva le menton pour se ravitailler en vol et marquer une pause dramatique.

« Marilyn ! cria mon père, enthousiaste.

– Trop beau pour être vrai, sourit oncle Guillaume. Il y a pensé, Palissy, à Marilyn, mais la dame en question, bien que blonde, n'a pas plus de quarante ans : un peu jeune pour Marilyn, *la* Marilyn. Non, c'est tout simplement… madame Caumartin, la femme à feu M. le maire. Palissy l'avait vue plusieurs fois aux réunions de coordination enseignants-enseignés. Madame Caumartin !

Palissy poursuit son enquête sulfureuse. Il relève les noms des boîtes aux lettres. Par recoupements, il détermine le faux nom sous lequel se cache Kennedy – un certain J. Ben Saïd – J comme John, évidemment.

Un jour, n'y tenant plus, il accoste l'homme au détour d'un café.

"Excusez-moi, *mister* Ben Saïd, je sais qui vous êtes." Et il lui fait de l'œil, l'air de dire "on ne me la fait pas, j'en ai disséqué des plus durs".

L'autre, vous vous en doutez, reste muet comme une carpe sans avocat. Vous pensez bien qu'il ne s'est pas caché toutes ces années pour avouer bêtement à la première occasion. Alors Palissy, très sûr de lui :

"J'ai toujours été physionomiste – je connais les visages de tous mes élèves – alors ce n'est pas la peine de nier."

L'autre, toujours rien. Palissy :

"Je vais vous rafraîchir la mémoire. Les missiles à Cuba, ça vous dit quelque chose ? C'est-y pas vous qui avez failli nous déclencher une petite guerre atomique ? Allons, vous voyez bien, monsieur John Fitzgerald. Si vous voulez, ça restera entre nous."

Car Palissy a quand même la tête sur les épaules. Il se dit que c'est l'occasion d'écrire ce livre dont il a toujours rêvé, un livre qui le rendra riche et célèbre. Ce Ben Saïd alias Kennedy est une mine d'or à condition de garder le secret. (S'il n'avait pas joué perso, s'il en avait dit un mot ne serait-ce qu'au commissariat du coin, l'histoire aurait pu prendre une tournure toute différente. Mais je m'égare.)

L'autre conteste l'évidence, fait semblant de ne rien comprendre, s'énerve, sort de faux papiers, les agite sous le nez de Palissy.

"Bah, avec vos relations, ne me dites pas que c'était difficile de vous les procurer, *mister president*."

Et là, vous ne devinerez jamais, l'homme s'enfuit. Il plante Palissy dans la cour de l'immeuble et court se cacher dans son appartement de la porte G. Uh oh, se dit Palissy, mon bonhomme, tu as quelque chose sur la conscience.

Dès lors, il passe son temps à traquer le cachottier. Il l'accoste dès qu'il peut, il l'accompagne au café-PMU, il va dans les mêmes boulangeries, il le suit en voiture.

Un jour, il parvient à le surprendre avec madame Caumartin à la sortie d'un centre commercial Belle Épine. La blonde madame Caumartin rougit jusqu'aux extrêmes. Et là, surprise, en se voyant repéré, avec sa dame toute confuse à ses côtés, c'est Kennedy qui vient trouver Palissy de son propre chef et lui fait signe de le suivre un peu à l'écart.

"Bon, lui dit-il, tu as gagné, pot de colle, je suis bien celui que tu sais, et maintenant tu me lâches la grappe ou je ne réponds plus de mes mains."

Palissy : "Tout l'honneur est pour moi, *mister president*, je suis confus de vous avoir importuné mais la vérité est un devoir, surtout pour le serviteur de la République que je suis. Votre secret restera entre nous mais je ne résiste pas à la curiosité de vous poser deux, trois questions. Si vous le voulez bien, *mister president*."

Il veut bien. Il enrage, il regarde sa douce et tendre en prenant des airs de martyr, mais il veut bien. Tout, pourvu que notre inquisiteur le laisse tranquille.

La première question que pose Palissy peut sembler déplacée pour quelqu'un qui se trouve face à la plus grande manipulation de l'Histoire, mais c'est celle qui lui vient en tête dans ce moment d'une rare intensité :

"Monsieur Kennedy, pour votre exil, pourquoi avez-vous choisi notre pays ?"

Et l'autre, tranquillement :

"Parce que c'est le trou du cul le plus paumé et inculte sur Terre, où l'on a le moins de chances de me retrouver. Il offre néanmoins un minimum de civilisation et de protection sociale."

Oncle Guillaume se tut pour laisser la place à l'indignation générale.

« Ah le fumier ! » criait mon père, « Faut lui apprendre la politesse ! » hurlait un autre, « Dehors, le fils à papa ! » entendait-on de partout : en un instant notre paisible bistrot du dimanche s'était transformé en une ruche de protestation. Rarement ai-je entendu pareille unanimité chez notre peuple plutôt enclin à se chamailler. Quels que fussent l'âge, le rang social ou le niveau d'éducation, la rage écumait le long des tables, l'insulte grondait dans les gorges.

Wolf et moi, nous savourions cette ambiance d'unité nationale digne d'un grand match de Coupe de monde. Ça faisait plaisir à voir : le patron du bistrot, plutôt de droite, voire plus, main dans la main avec le facteur, plutôt de gauche, voire plus, le tout saupoudré de rose, plus ou moins rose, et de bleu, allant du bleu horizon à l'outremer, tous ensemble, tous outrés. C'était plus beau qu'un conte de fées, et je me sentis transporté : peu de temps auparavant, j'avais lu un roman de science-fiction où la Terre était attaquée par des Martiens, ce qui provoquait la fin des guerres entre les nations terriennes et une grande unité contre le mal absolu, unité indispensable pour survivre. C'était beau comme une utopie en paillettes. Wolf, lui, semblait vibrer à la force animale qui se dégageait de ces dizaines de pieds qui tapaient le sol comme un troupeau en colère. Il mit ses doigts dans la bouche et siffla à perforer les murs.

Seul dans son coin, l'oncle Abe ne disait rien.

Après l'exaspération vint le temps de la réflexion, où chacun essaya de théoriser sur ce qu'il convenait ou pas d'entreprendre.

« Notre pays accorde le droit d'asile aux étrangers persécutés, disait Raphaël, l'employé de banque, il le refuse aux tyrans. Kennedy doit partir.

– Il a une attitude immature, s'indignait la femme du notaire. Il n'a pas hésité à briser le couple à feu M. le maire.

– Ce type profite de nos largesses sociales, remarquait l'étudiant. C'est un parasite.

– J'espère que Palissy l'a dénoncé à qui de droit », conclut mon père en regardant oncle Guillaume.

Oncle Guillaume toussa légèrement et le silence respectueux revint.

« Ben non, justement. Il a voulu se l'approprier. Genre, le Kennedy c'est moi qui l'ai trouvé, je le garde pour moi. C'est lamentable, tellement humain. Il pensait au livre qu'il voulait écrire, aux révélations exclusives qu'il y mettrait. Alors... Après avoir tourné autour du pot, Palissy se lance et pose enfin la question essentielle : "Monsieur Kennedy, à quoi rime la mise en scène de votre assassinat ?"

Kennedy le regarde avec l'air de supériorité qu'on lui connaît :

"Vous allez me laisser tranquille après ?

– C’est promis”, répond Palissy bien qu’il n’ait aucune intention de tenir sa promesse car il n’est pas né le Yankee yuppie qui dictera quoi que ce soit à un Français.

Kennedy regarde madame Caumartin qui s’exaspère. Il lui fait un signe de la main qui veut dire “on n’a pas le choix, chérie, un peu de patience” et il livre à Palissy un des plus gros secrets de l’Histoire.

“Sachez que c’est Lee Oswald qui était la cible de notre opération, dit Kennedy. L’ensemble de la manœuvre visait à le faire passer pour l’assassin du président des États-Unis pour pouvoir l’enfermer, puis le faire exécuter – par Jack Ruby –, sans attirer les soupçons. Une fois la mission accomplie, je me suis exfiltré vers le Mexique, puis vers la France. J’ai toujours admiré Henry Miller.

– Mais l’autopsie ? demande le brave Palissy, au bord de l’évanouissement.

– Du bidon, répond Kennedy. Photos maquillées, médecins achetés.”

Palissy : “Mais Zapruder ?

– Un agent fédéral, répond l’autre. Le film a été entièrement monté en studio. Vous ne vous êtes jamais demandé pourquoi il était flou à ce point ?”

Palissy s’acharne : “Le sénateur Connally ?

– Lui, on l’a tiré pour de vrai, pour rendre l’affaire plus crédible et éliminer un témoin qui aurait pu parler. D’où le deuxième tireur, qui était en fait le seul, planqué dans les buissons le long de la route.”

Et ainsi de suite. À chaque question désespérée de Palissy, le monstre a une explication qu'il assène avec un naturel désarmant. Le sang sur les sièges et le bout de cerveau ? Une poche de sang percée au bon moment et un peu de cervelle d'agneau. Les traces de poudre sur les doigts d'Oswald ? Résultats truqués au laboratoire. Le cercueil couvert du drapeau officiel ? On y a mis un cadavre de clochard trouvé à la morgue.

“Mais pourquoi ? s'écrie Palissy. Pourquoi ce mensonge du siècle ?” Et l'autre répond, imperturbable : “Lee Oswald était un dangereux communiste. J'ai servi ma patrie. Et, pour vous parler franchement, Jackie commençait à me courir. J'avais d'autres ambitions sentimentales que ce mariage arrangé.”

Là-dessus, il prend congé. Palissy reste en plan, le ventre calé par les incroyables révélations, les pensées en tire-bouchon, ne sachant qu'entreprendre… Et… Et… Non, je refuse de continuer de la sorte ! Ce sinistre individu me dérange ! »

Oncle Guillaume désigna Abe du menton et s'enferma dans un air maussade.

« Voyons, onc' Guillaume, plaida le patron, il n'a rien dit, l'Abe, tu penses bien, je l'ai à l'œil.

– Rien dit ou pas, c'est pas le propos, il n'en pense pas moins et ça se voit… Regardez-moi cette face de morue. Je connais sa nature perfide, faut pas me raconter des salades. »

Oncle Abe se taisait, confus.

« Vous voyez, il ne dit rien ! explosa oncle Guillaume. C'est un comble alors ! Je refuse !

– M'enfin, onc' Guillaume, tenta le patron.

– Tu es de son côté, hein ? Tu ne sens peut-être pas ses fluides négatifs, toi, mais moi ça me dérange. Je vois d'ici qu'il ne croit pas un mot de ce que je raconte. »

Le patron se planta devant Abe.

« C'est-y vrai ce que dit onc Guillaume ? »

Oncle Abe se leva en silence et se dirigea vers la porte. Au passage, Wolf et moi lui plantâmes mille poignards imaginaires dans le dos. « Regarde-moi cette 'tite bite », dit Wolf et l'on ricana en sourdine.

Quand la sérénité revint, aidée par le patron qui offrit une tournée à tout le monde, on voulut connaître la suite. Oncle Guillaume se renversa dans la chaise. Dans sa moustache argentée, on vit jouer des reflets de bonheur.

« Le soir même, Palissy se met à écrire frénétiquement. Il note les incroyables révélations que l'on avait voulu cacher au monde. Son stylo plume pulse d'indignation. "Je le savais, répète-t-il pendant que la sournoise manipulation est couchée noir sur blanc. J'ai toujours dit qu'il y avait anguille sous roche dans cette histoire des Kennedy. Les forces du mal ont encore embobiné la planète."

Des jours passent. Palissy sent qu'il a un volcan entre les mains. Il lui reste quelques points à vérifier, des précisions sur tel ou tel aspect du récit. Il voudrait aussi pouvoir photographier Kennedy, voire négocier une exclusivité. On doit pouvoir le convaincre, s'imagine-t-il.

Quand il retourne à la cité de la Prospérité, il n'y a pas plus de Kennedy que de crédit fiscal. L'appartement vient d'être reloué. C'est maintenant un couple de Chinois à précarité modérée qui l'occupe. Ils montrent à Palissy un papier de la mairie où on leur octroie l'appartement dont le locataire précédent, Ben Saïd Jamel, a libéré les lieux. Un coup de madame Caumartin, sans doute. Mais pourquoi *Jamel*? – ça il reste pantois. C'est *John* qu'il s'appelait, John Fitzgerald. Les Chinetoques le regardent avec leurs yeux de porcelaine. « Où est-il allé ? » demande-t-il. Les autres font meuh, meuh : ils ne comprennent rien. L'oiseau s'est envolé. Sur le continent, peut-être. Loin de notre île pour ne plus risquer de se faire repérer. Peut-être – ce n'est pas impossible – est-il retourné dans son pays d'origine. Bon débarras !

Palissy a bien essayé ensuite de vendre son manuscrit à un éditeur, mais personne ne le croyait. Et ceux qui le croyaient ne le publiaient pas quand même – une sorte d'omerta. Je suppose qu'ils ont reçu des consignes très strictes de la part de leurs actionnaires, ces fonds de pension qui contrôlent des pans entiers de notre économie. “C’est passionnant, lui disaient-ils, mais on ne peut rien pour vous. Revenez dans dix ans.”

L’année suivante, feu M. le maire est décédé dans un accident automobile dans des circonstances qui n’ont pas encore été entièrement élucidées. »

La dernière phrase résonna à nos oreilles avec son cortège de spectres menaçants. Oncle Guillaume vida son verre. Son rot, habilement étouffé par la moustache, nous fit comprendre que l’histoire était terminée. Alors Wolf rota à son tour, par mimétisme d’adolescent, et l’on eût dit que l’âme maudite du trente-cinquième président s’était échappée de ses entrailles. Ensuite on resta silencieux à regarder nos verres vides.

## Le remplaceur

« Est-ce que le remplaceur ça vous dit quelque chose ? » demanda oncle Guillaume en s'installant au guéridon.

Son trench-coat élimé transpirait des gouttes de crachat. Il nous apportait la fraîcheur du dehors. Notre île n'a pas de climat, c'est son seul défaut, on dirait un frigidaire qui fuit, c'est très humide, surtout l'hiver, humide et venteux. Le souffle mauvais de l'Atlantique, je l'ai remarqué maintes fois, a le don de traverser n'importe quel cuir. Parfois on dirait qu'il en veut à notre âme.

Autour de l'oncle Guillaume, les habitués du bistrot rassemblèrent les bruits de chaise.

« Je vois que vous ne connaissez pas le remplaceur. Tant mieux, tant mieux. Encore que, méfiance, peut-être le connaissez-vous sans vous en rendre compte. Le remplaceur est malin, le remplaceur est sournois, certains pensent qu'il est le diable lui-même. J'ai dîné hier avec un journaliste de mes relations qui a mené une enquête sur les méfaits du remplaceur, plusieurs mois de pistage sur le terrain, à rencontrer des indics, à suivre les rumeurs – même cet homme chevronné n'est pas certain de reconnaître le remplaceur s'il venait à le croiser. Car le remplaceur est polymorphe. Il s'adapte à son interlocuteur comme l'eau épouse la carafe : c'est vous dire s'il est puissant.

Certains confondent le remplaceur et le collectionneur. Ah, je vois des regards qui s'allument. Le collectionneur, c'est le type qui achète notre patrimoine, les bibelots, les tableaux, les livres par bibliothèques entières, les châteaux, et qui les exporte ensuite par-delà l'océan, loin de nous, pour peupler ses très riches heures de loisir et se construire un passé en pillant le nôtre. On en aurait, des histoires à raconter sur ce requin-là. Comment il n'a pas hésité à payer un million d'euros à la famille Duchêne pour acheter leur maison, intégralement, y compris la poussière du grenier et les piles de linge sale, pour la faire transporter en l'état dans un musée de l'Arkansas, où elle est exhibée aujourd'hui sous une cloche de verre, comme dans un zoo. Ou celle d'une femme richissime de la côte ouest qui s'est cousu une robe avec des originaux des lettres inédites de Proust. Ou comment, avec la complicité de certains fonctionnaires véreux, on s'infiltre dans les musées pour voler nos œuvres les plus célèbres qu'on remplace par des copies. Notre antiquaire de la place des Lilas peut vous en raconter un rayon sur les collections pillées qu'il a repérées lors de son voyage *là-bas*. La Joconde, la vraie, est à Las Vegas depuis longtemps.

Eh oui, mesdames, faites expertiser vos porcelaines de Limoges, vos armoires provençales, vos dentelles d'Alsace, vous verrez, plus de la moitié sont des faux fabriqués *là-bas*, que dis-je "la moitié", les trois quarts, oui, les neuf dixièmes. Peut-être est-il déjà trop tard. C'est la totalité de notre patrimoine qui aurait été détournée en douce depuis les siècles que dure le commerce. Il y a des faux indétectables. »

Un vent de réprobation souffla dans le bistrot, ponctué de oh ! et de ah ! Moi, je songeais à ma collection de timbres. J'avais acquis récemment quelques Merson, quelques Sage, un pont du Gard. Je les avais échangés à un type de la cité des Bleuets contre six cuillères en argent, volées à notre service familial qui dormait dans le buffet de grand-mère. Le type m'avait semblé un peu louche, mais bon, peut-être l'étais-je moi aussi, à ses yeux. Les paroles d'oncle Guillaume, cependant, jetaient un tout autre éclairage sur la transaction. Mes timbres devaient être faux, je m'étais fait rouler. Je me sentis un peu mal, comme barbouillé. Je jetais à la ronde des regards de poisson échoué, quand une pensée me sauva : les cuillères devaient être fausses, elles aussi. Il n'y avait pas de raison qu'elles ne le fussent pas. Faux contre faux, on était quittes.

Oncle Guillaume observa les chuchotements paniqués :

« Vous ferez vos calculs tout à l'heure. Laissez-moi finir cette histoire car il y a plus grave que le collectionneur, bien plus grave. Après tout, tableaux, vaisselle, châteaux ne sont que biens matériels. Le remplaceur, lui, remplace la langue. Son objectif est de nous faire oublier nos mots français bien de chez nous, de les remplacer par des mots fantoches venus de *là-bas*. À chaque fois que l'un d'entre nous dit "t'as un drôle de *look*" ou "j'ai besoin d'un *coach* pour m'entraîner" ou "le *briefing* a lieu à dix-sept heures" ou "ça va *booster* le boulot" ou même "le temps sera maussade ce *week-end*", le remplaceur se frotte les mains, il marque des points. Ce qu'il voudrait c'est anéantir notre langue (comme toutes les autres langues d'ailleurs), pour que ne subsiste qu'un seul dialecte dans le monde, son dialecte à lui. Ainsi lui et ceux qui l'emploient pourront-ils nous contrôler *de l'intérieur*. Songez seulement : avoir le monopole de la langue, quel rêve pour une puissance qui conspire à dominer le monde ! Au commencement était le verbe, nous dit-on, la fin aussi sera régie par le verbe, et ce verbe sera le cheval de Troie pour nous lobotomiser. »

Je vis que Wolf ne suivait pas très bien alors je lui expliquai à voix basse :

« La langue est une règle du jeu. Celui qui parvient à imposer ses règles finit par gagner la partie, c'est mathématique.

– Cool ! » répondit Wolf.

Je ne pus m'empêcher de savourer l'emprise que j'avais sur mon jeune camarade. Le paradoxe voulait qu'il fût beaucoup plus musclé que moi, malgré ses douze ans, mais il ne s'en rendait pas compte, le benêt. On était entré dans un âge où la supériorité intellectuelle permettait de brouiller bien des cartes.

Quand je revins à nos moutons dans la moustache d'oncle Guillaume, j'entendis des questions pleines d'inquiétude suave :

« Comment pouvons-nous nous défendre, oncle Guillaume ? A-t-on des indices pour reconnaître le remplaceur ? »

Oncle Guillaume sourit mystérieusement.

« Le remplaceur est très gentil, trop peut-être. Il aime rendre service. Il est prévenant avec les dames. Il met un point d'honneur à dire bonjour. Il n'est jamais à court de conversation. Avec l'amateur de sport, il parlera du Tour de l'île. Avec le prof, il parlera réforme de l'Éducation nationale et absentéisme. À chacun il donnera sa conversation. Notre île comptant des dizaines d'ethnies, il sera au diapason de chacune, veillant à flatter son client, riant à ses blagues, le cajolant dans le sens de ses complexes, le tout, remarquez-le, dans un français impeccable, trop peut-être. Le remplacement s'effectue sans que la victime s'aperçoive de rien. Un mot par-ci, une expression par-là. Sans jamais forcer. C'est comme de l'hypnose. Le tout dans la bonne humeur. Un, deux, trois, hop là !, la victime se met à employer le mot corrompu sans même s'en rendre compte. Trois, deux, un, hop là !, le voilà qui le transmet à ses camarades, comme on transmet un virus. Le remplaceur sourit en coin et s'éloigne en se frottant les mains. Encore un instant et il disparaît dans la foule.

Maintenant j'aimerais attirer votre attention sur un aspect du remplaceur qui m'a été expressément souligné par mon ami journaliste. »

Oncle Guillaume se tut soudain. Son regard parcourut le bistrot en s'attardant sur les coins sombres. Il cherchait quelqu'un.

Je pensai aussitôt à l'oncle Abe, le gêneur gluant. Oncle Guillaume avait besoin de toute sa sérénité pour poursuivre une partie délicate du récit sans être dérangé par des déclarations intempestives.

Il pouvait être tranquille. Tôt ce matin, oncle Abe était passé chez nous pour emprunter la tondeuse et une rallonge. Mon père ne lui parla pas trop gentiment. Ils eurent même une sorte d'explication. Je jouais dans le jardin à envoyer une balle contre un mur, quand j'entendis la voix forte de mon père : « Je te conseille d'éviter le bistrot, je te le conseille vivement, si tu vois ce que je veux dire. » En retour, oncle Abe murmurait des phrases que je n'entendais pas, puis de nouveau mon père : « Je ne réponds de rien si tu cherches la provocation, et j'ajouterai que je serai ravi de me joindre aux autres pour te mettre à la porte. » C'était sympa de le prévenir aussi clairement. Il aurait pu ne rien lui dire pour se payer sa tête le moment venu – c'est ce que j'aurais fait à sa place –, mais il était comme ça, mon père, il n'aimait tant que la droiture des opinions, pas retors pour deux ronds. Oncle Abe insistait. Il ondulait en quatre comme un cobra. En tendant l'oreille, j'entendis des niaiseries par lesquelles il comptait endormir notre vigilance : « j'aime tellement l'ambiance du bistrot cependant », « j'apprécie la France mais », « différentes opinions sont possibles », etc. Heureusement, mon père resta inflexible : « Ton opinion n'est pas différente, elle est tout simplement fausse et de mauvaise foi. Je ne suis pas né du dernier recensement. Quant à la tondeuse, tu peux la prendre, mais tu ne montres pas ton nez au bistrot, c'est clair ? » Oncle Abe s'éloigna en traînant sa dégaine de faux cul. La rallonge rouge pendait mollement à son avant-bras, on aurait dit la queue d'un diablotin minable. « Gaffe à pas me l'abîmer, hein ! » lui cria encore mon père. Ainsi on s'en était débarrassé.

Satisfait par son inspection, oncle Guillaume poursuivit :

« Je voulais vous parler de la cible préférée du remplaceur. Tout comme l'hyène cherche dans un troupeau d'antilopes l'animal blessé ou malade pour s'attaquer à lui en premier, le remplaceur va s'en prendre au plus vulnérable d'entre nous, à savoir l'adolescent. »

Il nous regarda, Wolf et moi, et je me sentis très mal à l'aise.

« En ce sens, le remplaceur est comparable au marchand de cigarettes. Il va pincer les mêmes cordes. L'envie de transgression qui ronge nos têtes de linottes, le désir de se fondre dans un groupe social, la pulsion quasi sexuelle de sentir entre ses lèvres un objet inconnu – le mot de *là-bas*. Nos ados sont influençables comme du papier buvard. Parfois, je me promène en banlieue, je ne saisis pas ce français que j'entends, défiguré, travesti, maltraité par des mots… que je ne répéterai pas ici. »

Sans comprendre ce qui m'arrivait, je me levai soudain et criai :

« Oncle Guillaume ! Wolf, il dit tout le temps *cool*. C'est une espèce de mot fétiche. *Cool*, *cool*, *cool* ! »

Tous les regards convergèrent vers nous. Je sentis Wolf à mes côtés qui devenait plus petit qu'un vermisseau.

« C'est vrai, Wolf ? » demanda oncle Guillaume sévèrement.

Wolf murmura des excuses inintelligibles.

« C'est grave, mon jeune ami. Tu fais le jeu du système, tu fais progresser le remplaceur. Tu mets tes doigts dans un engrenage maudit. Laisse-moi te raconter une histoire qui est arrivée au fils de ma voisine. Patrice était un enfant comme toi, très vif, ouvert sur les autres. Il adorait le basket. Il aimait accompagner sa mère au marché. À la sortie du lycée, dans une bande de jeunes, il a dû tomber sur le remplaceur qui l'avait repéré. Et voilà notre Patrice qui se met à dire des horreurs comme – je m'excuse – *groove*, *rave* ou *hit*. De là, une alchimie étrange s'opère dans sa tête. Ces premiers mots dégénérés en contaminent d'autres, puis d'autres, puis d'autres. Sa langue s'effrite en quelques jours. C'est l'embrouillamini. Parfois il nous cause, on ne comprend rien. On dirait qu'il avale toutes les consonnes, mais ce n'est pas le cas, ce serait trop simple. Au bout d'une semaine, il se met à jurer avec des mots étrangers. Il part après les cours traîner avec les copains. Il ne pense pas à prévenir sa mère et il rentre tard dans la nuit. Elle apprend qu'il joue à des jeux informatiques ultra violents et quand elle essaie de le gronder, il lui répond en baragouinant des… pardonnez-moi, je suis obligé… »

Oncle Guillaume fouilla dans ses poches et sortit une antisèche qu'il lut en détachant chaque mot :

« *Patch*, *service pack*, *cheat codes*, *download*, *ass-prick*, etc., j'en ai un tas. Bon, je ne vous traduis pas, hein, j'en suis bien incapable. Ce que je sais, en revanche, c'est que les notes de Patrice s'en ressentent, vous vous imaginez, surtout en français. Un mois plus tard, il parle un charabia qui met tout le monde mal à l'aise. Maintenant ce sont des phrases entières qui sortent toutes cramoisies de sa bouche. Sa mère consulte un spécialiste du langage qui lui confirme ce que l'on soupçonnait dans le voisinage : son fils ne parle plus français mais un jargon venu de *là-bas*. La mère fait son possible, elle essaye de communiquer tout le temps mais il s'enferme dans sa chambre et refuse d'aller avec elle au marché. On dirait une malédiction, comme ces princesses qui se mettent à cracher crapauds et limaces. Elle pleure, la mère, elle en parle au père qui décide de lui faire passer la connerie par une bonne dérouillée. Patrice reçoit donc une explication virile, mais il est trop tard. Le processus de dégénérescence est enclenché. Un mois passe, il est exclu du club de basket.Puis c'est le lycée qui le renvoie. Enfin est venu le moment pénible où il se coupe définitivement de sa famille. Sa mère lui cause, elle le supplie de prendre un dictionnaire, et il la regarde avec des yeux transparents qui font peur, on voit qu'il essaye de comprendre mais il y a entre eux comme une barrière infranchissable. Il a oublié sa langue maternelle. On a été obligé de le mettre dans un établissement spécialisé. »

Une tristesse humide planait sur l'assistance. Wolf était livide comme si on lui avait montré un poumon de fumeur.

Oncle Guillaume ne s'attarda pas. Il enfila son imperméable, salua l'assistance et sortit. On se dispersa en silence.

Dehors, Wolf refusa de me parler. « Cafteur, va », ronchonnait-il. Je le suivais en essayant de minimiser l'incident. « T'es le plus jeune du bistrot, dis-je, ne le prends pas mal, mais il fallait que l'oncle Guillaume trouve un relais dans son récit. Tu as permis d'illustrer son propos. Ne t'avais-je pas dit qu'il fallait faire attention à tes expressions ? » Mais il faisait des gestes brusques comme s'il allait me frapper et je pris note de la consistance terrible de ses paluches. Alors je changeai de tactique et plaidai coupable. « D'accord, dis-je, je me suis conduit comme une salope, mais il n'y a pas eu mort d'homme et regarde ce que je te propose pour me faire pardonner. » Je lui donnai alors des codes secrets pour acquérir de nouvelles armes dans un jeu en réseau que l'on aimait particulièrement.

« Ouah, t'es trop fort, se dérida-t-il. Je vais progresser au cinquième niveau.

– Sûrement, sûrement », dis-je en le tapotant sur sa lourde épaule.

Pauvre bulldozer ! Nouvelles armes ou pas, j'avais omis de lui expliquer plusieurs astuces fatales qui le bloqueraient jusqu'au découragement.

J'en rigolai tout seul en rentrant chez moi. Décidément, me disais-je, il en sera toujours ainsi de tous les Wolf du monde. Stupides et conformistes, ils forment cette masse que l'on appelle « économie » en temps de paix et « viande à canon » en temps de guerre. Ils sont indispensables au règne des cérébraux car ils forment le corps spongieux de l'État, et même ses globules rouges, larbins dans l'âme, qui font que les trains roulent et les bouteilles d'eau arrivent dans les supermarchés. Peut-être, supputais-je, leur existence de ruminants a-t-elle été voulue par Dieu pour former ce matelas toujours prêt à amortir les coups que la vie nous assène à nous, les élites. Je m'endormis sur ces pensées agréables.

## Le grand magasin

Le jeune docteur Soubise ajusta sa cravate et se faufila dans le cercle des intimes :

« Onc' Guillaume, connais-tu des gens qui y sont allés, je veux dire *là-bas* ? »

Oncle Guillaume le soupesa du regard, imité aussitôt par nous autres. Le docteur avait les bras de chemise un peu passés de mode, un sourire en stage de perfectionnement, cette subtile humilité dans le louvoiement qui consistait à singer nos manières de boire ou de jouer au flipper. On n'aimait pas tellement les nouveaux venus, surtout de ce genre.

Sa question, cependant, était pertinente. On découvrait un jeune avide de connaissances, à la curiosité aiguisée, sa sincérité à fleur de peau se manifestant çà et là par des boutons de fièvre.

« Toi, le jeune, tu me fais penser à une histoire, une bien étrange histoire », dit finalement oncle

Guillaume, et sa moustache invita le docteur Soubise à s'asseoir.

On lui fit une petite place. Il s'incrusta donc parmi nous, tout content de son obole de bière, les coudes du costume posés sur les genoux, les yeux vissés à l'oncle Guillaume. On l'aurait fait participer à la Cène, il n'aurait pas été moins fier. Et nous, bah, on l'adopta aussitôt.

« L'aventure est arrivée à Nicole au cours d'un voyage organisé. Il faut dire qu'elle avait des points par son comité d'entreprise, et vous savez sûrement, jeune homme, que les comités d'entreprise se plient en quatre pour proposer des voyages à des prix imbattables vers toutes sortes de régions exotiques, Syrie, Soudan, Malaisie et j'en passe. Ils diffusent même à leurs adhérents des alertes par courrier électronique quand de nouvelles opportunités se présentent.

Un jour, Nicole reçoit une proposition pour… *là-bas*. San Francisco, plus précisément. En principe, ce n'est pas le pays dont elle rêve, Nicole, on en est loin. Pourtant elle accepte. Est-ce par réaction contre ses parents ou traverse-t-elle une mauvaise passe avec son copain d'alors, je ne sais pas, mais elle se décide sur un coup de tête : ce sera *là-bas* et rien à faire. Ses copines de bureau la croient un peu folle : ce n'est pas pour lui déplaire non plus. Toujours anticonformiste, Nicole, un sacré caractère. Plus on la dissuade, plus elle se braque. Voyant qu'elles n'y pourront rien changer, les copines s'empressent de lui glisser une liste de produits à rapporter, principalement des vêtements, des cosmétiques, des trucs dont elles ont entendu parler par la presse spécialisée dont elles font grand usage. Craignos ou pas, ce sinistre endroit reste un peu le pays de cocagne dans l'imaginaire de ces ânesses. »

Oncle Guillaume fit circuler un regard entendu parmi les mâles présents. On échangea quelques lieux communs sur le consumérisme effréné des femmes. De bonne guerre, elles nous rendirent la politesse par des réflexions sur notre légendaire absence de bon sens, le tout baignant dans la bonne humeur campagnarde. Ce pseudo-conflit des sexes dura le temps pour le patron de servir une deuxième tournée. Je notai cependant qu'oncle Guillaume étudiait les coins sombres, comme l'autre jour, quand il cherchait oncle Abe, et, ne le voyant pas, semblait un peu contrarié. Le docteur Soubise, lui, reluquait la poitrine de la patronne.

« Bref, où en étais-je ? »

Oncle Guillaume montra son envie de reprendre l'histoire et nous nous calmâmes aussitôt.

« Nicole arrive donc à Oakland, banlieue de San Francisco, par un vol Air France, très fière de son initiative et minimisant les dangers. “C'est très exagéré”, qu'elle se dit. “Les gens sont impressionnables, tout de même.” “Comme si chez nous tout allait pour le mieux.” Ce genre de discours, voyez.

Notre Candide commence à dessaouler après l'atterrissage. La réalité toute crue n'est pas une partie de plaisir. Les douaniers de *là-bas* sont d'une bêtise ! d'une arrogance ! “Souhaitez-vous la mort de notre président ? demandent-ils. Avez-vous déjà commis un attentat ?… menti à un détecteur de mensonges ?… attrapé le sida ?” Les questions stupides la font vaciller. Elle répond “non” tant qu'elle peut, Nicole, dans son anglais de fortune. Bon an mal an, on la laisse entrer. Le coup de tampon dans son passeport claque comme une cage que l'on ferme. L'oiseau est pris.

Après l'aéroport, ça se gâte, naturellement. Les dégâts culinaires, la graisse, les excès de calories – ce que l'on sait et dénonce depuis longtemps –, les inégalités sociales, la cherté de la vie, tout ça elle le voit de ses yeux, Nicole. Les mendiants dans les rues, les magasins de ventes d'armes, les condamnés à mort, elle revient sur Terre, notre voyageuse. Autour d'elle, le grouillement de la foule affairée, comme possédée par un démon qui se branle, des gens gigotant des jambes dans tous les sens, courir, courir, courir sans autre but que la course elle-même. Terrifiant. Elle ne sait plus où donner de la tête, elle se dit qu'elle aurait mieux fait de choisir la Birmanie.

Attendez, le pire est à venir. Au milieu d'un quartier populaire d'Oakland, elle tombe sur un grand, un très grand magasin. Tout en verre et acier dépoli, pureté des formes, design superbe, de grandes baies lumineuses aussi transparentes que des larmes de crocodile, et à l'intérieur – des objets par millions, des grandes marques, à des prix défiant toute concurrence. Vêtements, chaussures, lingerie, sacs, cosmétiques, produits ménagers, décoration, arts de la table... Impossible d'en faire la liste complète. Tout est de qualité luxe, tout est à moitié prix, que dis-je, au quart du prix que l'on voit chez nous. Promotions, promotions, promotions. Trois pour le prix d'un!... Une paire d'escarpins offerte pour l'achat d'un costume!... Une remise supplémentaire de 20 % sur tout achat effectué avant 19 heures!... Des clientes ravies traînent des sacs remplis de trésors. Nicole voit un magnifique tailleur bleu qui se balance sur un cintre, là, de l'autre côté de la vitre.

Il y a juste un petit hic. Car Nicole a tôt fait de remarquer qu'il n'y a pas d'entrée dans ce paradis. Une sortie, oui, pas de problème. Une sortie avec un énorme sens interdit affiché dessus et un vigile noir aux lunettes noires qui contrôle les clientes qui sortent et surveille la démarque. Nicole tente de s'infiltrer, le vigile l'arrête aussitôt et lui explique des trucs en anglais qu'elle ne comprend pas. Il a l'air inflexible et il refuse de parler français. Un blocage. Il regarde Nicole sévèrement, avec cette condescendance noire que donnent les lunettes noires. Allez voir ailleurs, qu'il lui dit en substance. On ne veut pas de vous ici.

Mors-moi, dit Nicole. Elle part à la recherche de l'entrée, elle fait le tour du magasin – un paquebot qui occupe une place énorme, à un endroit où l'on aurait pu construire des logements sociaux. Il lui faut un quart d'heure pour revenir à son point de départ sans avoir trouvé la moindre ouverture. C'est à ne rien comprendre. Sans doute a-t-elle été distraite, qu'elle se dit. Elle repart pour un autre tour, cette fois dans l'autre sens, avec à l'arrivée toujours le même résultat : pas d'entrée, point rivet. C'est à pleurer.

D'autant plus qu'elle a repéré à travers la vitre un service de table exceptionnel qui irait tellement bien dans son salon. Et des chaises en rotin, pour sa maison de campagne. Et des valises en cuir, signées d'un expert en valises, pour ses voyages. Et des chapeaux à mettre dans les cheveux. Et un blouson en alpaca qui ferait crever madame Jalouse. Et ainsi de suite, ça fourmille dans les yeux, ça pèse sur le cœur.

Elle tente d'accoster des femmes chargées de paquets : "Dites-moi comment ? Par où ?" Mais on la regarde de haut : la femme équipée est un loup pour la femme en manque, ou bien c'est encore la conspiration du silence.

Elle tourne autour des baies vitrées comme un papillon qui essaye de sortir, sauf que c'est entrer qu'elle voudrait. Elle se dit que les vitres sont tellement bien faites, en une matière qu'on ne connaît même pas sur notre île, une sorte de cristal intelligent ultramoderne, un système immunitaire qui repérerait les clientes friquées ou ne laisserait entrer que les American Express. Ce qui serait injuste : elle n'est pas une pestiférée, son argent vaut autant que celui des autres. Le droit d'acheter est inscrit dans la constitution, quand bien même on n'est pas des Rothschild. Elle gagne son argent honnêtement et elle a même quelques économies. Pour la troisième fois, elle fait le tour du magasin en promenant sa carte bleue BNP en évidence sur la vitre. En n'oubliant pas non plus de tapoter doucement histoire d'attirer l'attention d'une vendeuse. Elle pense à ces films où le héros tâte un mur apparemment sans issue et finit par glisser son doigt dans quelque mécanisme qui ouvre un passage secret. Son index moite – il fait chaud, elle est nerveuse – laisse une trace d'escargot ivre. On pourrait la suivre comme le petit Poucet.

Ces gesticulations sont en pure perte. Elle revient à son point de départ. Pas tout à fait cependant. Le vigile l'a repérée. Les traces sur la vitre ne lui plaisent pas du tout. Il parle dans un talkie-walkie et prend un air pas commode. Comble de l'humiliation, elle voit son tailleur bleu se faire emballer et disparaître dans le sac d'une cliente. La lopeça sort en portant sur son visage une épaisse couche de bonheur.

Nicole chancelle, s'assied sur le trottoir. Elle est vitrifiée.

Elle reste ainsi quelques longues, très longues minutes. Le service de table, les chaises en rotin, la valise signée, toutes les perles en profitent pour se tirer du magasin accompagnées de femmes chanceuses, le tout pour une bouchée de pain.

Alors elle comprend qu'il faut frapper un grand coup. Que feriez-vous à sa place ? »

Pendant que l'on cherchait des réponses, oncle Guillaume fit une nouvelle inspection du bistrot, vers les places du fond, mais toujours pas d'oncle Abe, évidemment. À sa place, moi non plus, je ne serais pas venu.

« Je prendrais une grosse pierre, et bling dans la vitre, dit le patron. Ce truc est un foutage de gueule pour moquer les gens pauvres.

– Bof, dit le facteur. Mauvais plan. Le vigile te démolit, t'as pas le temps de dire liberté, et tu te retrouves au poste dans une prison de chez eux. T'as vu *Brubaker* ? *Animal Factory* ? Bonjour cadeau.

– Le putain de magasin est un attrape-nigaud, jura l'instituteur. On incite la populace à s'aligner sur une doctrine préfabriquée : la domination du secteur marchand. Moi, je dis : c'est tout manipulé.

– Quand je pense que ces pauvres caissières travaillent en trois huit pour assurer une ouverture sans interruption vingt-quatre heures sur vingt-quatre, et qu'une citoyenne ordinaire ne peut même pas y entrer », s'indignait l'employée de mairie.

Le docteur Soubise levait le doigt. Moi, je pensais à notre grand magasin à nous, le *Huit-à-huit*, ouvert de 10 heures à 12 heures 30 et de 14 heures à 18 heures – 16 heures le vendredi, « comme à la Banque de France », disait son gérant en minaudant. Maman m'avait demandé d'y passer pour les radis du soir.

Le docteur leva son doigt plus haut.

« La cravate à petits pois?! interrogea oncle Guillaume.

– Je glisserais discrètement un billet de cent dollars au vigile, dit le docteur en rougissant.

– T'es pas loin, pas loin du tout, le félicita oncle Guillaume. Sauf qu'elle n'a pas une somme pareille sur elle, Nicole. Ni l'habitude de ce genre de compromis avec la morale. Non, ce qu'elle peut offrir se résume à ce que vous savez, et, ma parole, ce n'était pas un vilain brin de fille, surtout dans le temps. Elle sert les dents, ajuste son corsage et part à l'attaque.

Le Noir n'est pas insensible. Nicole est tout miel. Le Noir tripote ses lunettes noires. Nicole lui parle en ondulant du français. Comme le Noir ne comprend rien à la plus belle langue du monde, elle lui dit qu'il est un connard nécessiteux exploité par le système, un pauvre nègre de rien du tout, elle lui dit les pires insultes avec l'intonation d'une fée, et l'autre gobe tellement bien que cela en devient visible dans son pantalon. Il lui fait des gestes explicites, genre suis-moi dans le local de livraison, je te montrerai mes estampes japonaises, et Nicole se laisse faire en se disant que son sublime sacrifice sert une cause plus grande, car elle ne se contentera pas de percer le secret de ce magasin ensorcelé, non, elle écrira un livre, Nicole, où elle dénoncera cette humiliation à l'opinion mondiale, alors rira bien qui rira le dernier.

Quelqu'un a dû lire dans ses pensées : le talkie-walkie du Noir se met à vibrer, il décroche et disparaît de l'écran radar. Il n'est plus avec Nicole, d'autres soucis le préoccupent, le contre-maître vient d'arriver, le train-train du magasin l'absorbe tout entier. D'ailleurs un autre Noir se manifeste, et Nicole comprend que son vigile à elle va être remplacé, il a fini sa journée presse-citron. Maintenant qu'il est libre, il va sûrement l'accoster pour l'emmener dans son bidonville, et – qui sait ? – la violer sauvagement sous un toit en tôle ondulée. Elle s'éclipse rapidement.

Pendant quelques heures elle traîne dans Oakland. Puis elle se retrouve à nouveau sur le trottoir face au magasin. Les lampadaires s'allument en toussotant, une lumière au néon éclaire le crépuscule. Dans le cube en verre s'agite la bacchanale marchande. Elle est seule, désespérée. Et là, un type s'approche, une silhouette bizarre, il porte un truc sur le visage, je vous le donne en mille, c'est un masque en bois, la bouche est fendue dans un sourire de crétin, le regard d'un bleu glauque jaillit des yeux plantés très profond, de courts cheveux de caniche défrisé, grisonnants par endroits : George W. Bush, ou plutôt son masque, se tient devant elle. »

Aussitôt nous hurlâmes tous ensemble notre mépris pour ce triste personnage.

« Busherie, busherie ! s'exclama le facteur.

– Le roi Ubush est nu ! enchérit l'instituteur.

– Eh, mister Bushman, rentre donc dans ta savane ! » chantait le patron.

Chacun y allait de sa contrepèterie. Moi, je voulais absolument en placer une moi aussi, alors je criai :

« Babushka, vieille babushka ! »

Personne ne fit attention à mon jeu de mots godiche, car au même moment le docteur Soubise déplia ses ailes et nous cloua tous par un :

« Bushenwald ! »

On ne pouvait trouver mieux.

Oncle Guillaume le tapota sur le bras et le docteur Soubise savoura ses lauriers dans la considération générale.

« Chapeau, mon garçon, fit oncle Guillaume. Belle vivacité d'esprit. On dirait moi, quand j'avais ton âge. Tout l'inverse de l'autre cé-o-ène – il n'est toujours pas arrivé, dites donc, ça fait deux fois qu'il rate la séance »

Nous comprîmes qu'il parlait de l'oncle Abe.

« Si tu y tiens, je vais le chercher », proposa mon père.

Oncle Guillaume haussa les épaules.

« Oaf, pas la peine, juste que j'aurais bien aimé voir sa mauvaise tête. Je donne ma Volvo à couper qu'il aurait douté de la véracité de Nicole, de sa bonne foi, voire de sa santé mentale. La sainte femme ! Imaginez la trouille qu'elle a eue, quand le masque de George W. Bush s'est dressé devant elle.

"Qui es-tu ? bredouille-t-elle. Pourquoi t'acharnes-tu sur moi ?

– Je connais un moyen de te faire entrer, tonne le masque.

– C'est mon désir le plus cher, dit Nicole.

– Alors fais ce que je te dis, et ton vœu sera exaucé."

Elle tremble, elle se demande ce que le masque va lui demander, elle sent qu'elle serait prête à beaucoup de choses pourvu qu'on lui donne la clé de l'énigme. »

Nous étions tous saisis par le suspense lorsque le patron intervint, un peu à contre-pied :

« Attends, onc' Guillaume. Comment peut-elle comprendre ce que dit le masque, puisqu'elle ne cause pas l'anglais ? »

Oncle Guillaume s'étouffa.

« Comment ?! Tu t'y mets, toi aussi ? Non content que le sagouin ne soit pas là, tu veux sa place ? Ou tu cherches peut-être à raconter à ta façon ?

– Oh non, pas du tout, s'affola le patron, c'est juste tout ça, quoi.

– Tout ça quoi ? explosa oncle Guillaume. Tu veux dire quoi par ce "quoi" ?

– Euh, s'embrouillait le patron. Euh. »

Oncle Guillaume fulminait.

« Écoutez-moi bien, vous autres, si quelqu'un n'est pas content de l'art et de la manière, il n'a qu'à le dire et je lui laisse la parole ! »

On se taisait dans nos verres vides. Le patron recula derrière son comptoir et fit semblant de s'intéresser au fonctionnement de son micro-ondes.

« Alors, personne ? demanda oncle Guillaume, et son regard déshabilla notre âme.

– Tu racontes très bien, dit mon père.

– À la bonne heure, bougonna oncle Guillaume quand il se fut rassasié du malaise. Si Nicole comprend ce que lui raconte le masque… mais je me demande pourquoi je m'abaisse à l'expliquer à un public aussi peu imaginatif de là-dedans – si Nicole comprend, c'est que la communication entre eux n'est pas uniquement verbale, hein, incultes péquenauds, ils se *sentent* mutuellement, c'est l'*instinct* qui parle, le masque s'adresse directement à son entendement, mais ça, je ne sais pas si c'est suffisant comme explication pour vos petites vies. »

On l'écoutait avec le respect que l'on devait à sa moustache grise, un peu penauds qu'il nous remît à ce point dans les gonds. Il y avait désormais une ombre dans notre ambiance d'écoute festive : oncle Guillaume nous soupçonnait d'incrédulité, et ce soupçon nous pesait. Je songeai à l'oncle Abe. Il nous aurait bien dépannés s'il avait été là pour servir de paratonnerre. Ainsi toute créature, même la plus vile et laide, mérite une place sur notre Terre.

Sans faire de bruit, le patron remplit nos verres et glissa une pièce dans le juke-box. Sous le doux ronronnement de Brassens, oncle Guillaume se détendit un peu.

« Eh oui, dit-il en liquidant son verre – aussitôt rempli comme par magie –, il y a comme cela des phénomènes dans le monde qui sont difficilement analysables en termes matérialistes. On ne peut exclure toutefois que Nicole ait eu une vision, bien excusable compte tenu de son état de fatigue morale. Peu importe. Ce qui est important, en revanche, c'est qu'elle entend une voix qui lui dit :

"Embrasse le Seigneur et ton désir se réalisera."

Elle entend ça, Nicole, mais ce n'est pas le Seigneur que vous croyez. Le masque lui tend un petit drapeau, encadré sur un présentoir à bordure dorée, un vrai petit drapeau de *là-bas*, de grandes rayures rouges horizontales, comme les barreaux d'une cellule où les étoiles sur fond bleu forment une minuscule fenêtre.

“Juste un baiser”, insiste le masque de sa voix rauque comme venue de sous une pyramide.

Nicole approche son visage et voit sur le drapeau de légères traces de gras : les lèvres de ceux qui l’ont précédée.

“Ils sont tous à l’intérieur, maintenant”, dit le masque.

C’est effrayant. Nicole comprend qu’elle est face à un sorcier d’une puissance prodigieuse, peut-être même l’incarnation de la force obscure, ce souffle du mal qui dirige tous ces hommes de *là-bas* et les fait s’affairer au-delà du raisonnable.

Sa tête bourdonne comme mille essaims tandis que ses lèvres avancent, avancent encore, toujours plus près, son corps se tend vers l’infect bout de tissu. Le masque, lui, récite des chapelets où s’entrechoquent des noms de marques, Donna Karan, Estée Lauder, Calvin Klein, Donna Karan, Estée Lauder, Calvin Klein…

Elle est au bord du gouffre. Encore un peu et elle deviendra une esclave de la consommation, une zombie. Soudain… une voiture klaxonne dans l’avenue qui longe le magasin. Nicole lève les yeux. C’est une Peugeot. Ça fait tilt dans sa tête comme le chant du coq. Elle est sauvée, le charme est rompu.

“*Vade retro, Satana*, crie-t-elle au masque, jamais je ne m’abaisserai à embrasser le symbole de la domination mondiale !”

Le diable pousse un hurlement de grand brûlé et s'enfuit, ébouillanté.

Nicole est rentrée par le premier avion. Devant son air déterminé, les douaniers n'ont pu que s'incliner. Elle a eu beaucoup de chance. Avec ses économies, elle s'est acheté une 306 et une caravane. Pour elle, les prochaines vacances, c'est la Camargue. »

Oncle Guillaume se tut, enfila son imperméable et sortit sans un au revoir.

Nous restâmes silencieux quelque temps. Puis le facteur mit sa casquette :

« L'entrée du magasin, je crois savoir où elle est. Nicole n'a pas pensé au métro. Une entrée souterraine. Ce serait un peu comme le BHV à Paris. »

Nous le regardâmes, effrayés.

« C'est possible, dit mon père, mais surtout ne va pas le raconter à oncle Guillaume, on ne sait pas comment il pourrait le prendre. T'as vu comme il est nerveux ?

– Grave, acquiesça le docteur Soubise. Si seulement le patron s'était abstenu de son commentaire déplacé.

– Ohé, doucement, s'énerva le patron, je n'ai rien dit de mal. Et si tu n'es pas content, le blancbec à sa maman, je ne te retiens pas chez moi. Et toi, le facteur, tu me dois une sacrée ardoise. »

Mon père se dépêcha de les calmer par des mots lisses mais nous quittâmes le bistrot avec un sentiment de malaise. Il y avait dans l'air une sourde menace de zizanie. Jamais le subtil équilibre de nos magnifiques soirées n'avait été à ce point compromis. Par la faute à qui ? je vous le demande.

Le patron, triste comme une clope mouillée, fit descendre son rideau métallique couvert de rouille. Ah si l'oncle Abe avait été là !

## Le moustique

Le soleil revint pourtant sur notre île. Un jour, l'anticyclone sortit de derrière les nuages, le vent rangea ses monologues et nous échangeâmes nos blousons doublés contre de légères chemises sans manches. Il faisait chaud. Le climat de l'île voulait que la température montât à 35 °C dès qu'il y avait un rayon de soleil.

À notre passage la boulangère baissa son grand store blanc. Plus loin dans l'avenue, des détenus hurlaient dans la prison centrale. Je m'épongeai le front en observant Wolf : il se portait à merveille, à croire que les climats tropicaux étaient faits pour lui.

« Ils ne t'ont pas raté, mon pote, dit-il soudain. Tu te grattes pas trop la p'tite vérole ? »

Je le regardai avec un ressentiment que je dissimulai fort bien. Il n'avait rien, lui, pas une piqûre.

Son bronzage régulier donnait l'impression d'un banc fraîchement repeint. Je songeai à la fille, Stéphanie, que nous démarchions à tour de rôle. Avec mes boutons de moustique, je pouvais passer mon tour.

« Ton sang est empoisonné, dis-je à Wolf, c'est pour ça qu'ils ne te piquent pas.

– Non, mec. J'ai un blindage naturel qui leur casse le bec. »

Il fit jouer ses beaux muscles devant moi. J'eus soif d'une bonne grenadine morte.

Le patron avait installé un gros ventilateur sur le comptoir : oncle Guillaume était déjà là, dans sa chemise à carreaux vichy, avec nombre d'habitués. Devant chacun se dressait un verre appétissant rempli de choses jaunes. Au fond de la salle, à sa place habituelle, oncle Abe nous observait avec intérêt. Je lui fis un coucou de faux cul que je jugeai particulièrement réussi.

On eût dit que notre univers avait tourné sur lui-même comme la toupie des saisons pour revenir quelques mois en arrière, à l'époque où l'entente régnait sans ombrage. Mon père avait parlé avec chacun séparément, et le patron, se sentant peut-être davantage fautif que les autres – intéressé qu'il était par la présence régulière de consommateurs –, se démena pour remettre en marche la mécanique grippée. Il mit un coup de peinture aux murs, restaura le coin vélo en y épinglant de nombreuses photos nouvelles, et surtout garda une table spéciale, la plus belle de toutes avec son bandeau PMU, pour notre oncle Guillaume. Une pancarte « Réservé » y trônait en permanence.

Moi, ma contribution modeste mais néanmoins essentielle tenait à la présence de l'oncle Abe. Mon père, qui avait senti comme nous la force de cohésion que représentait ce sombre personnage, nous a demandé d'aller récupérer la tondeuse, tout en nous exhortant (sans nous regarder dans les yeux) :

« Soyez un peu sympas avec lui. Après tout, il ne sait pas ce qu'il raconte. Il faut pardonner aux idiots. »

Je n'étais pas spécialement convaincu par l'argument, la mauvaise foi de l'oncle Abe me paraissait évidente – et l'avenir me donnerait raison – mais je comprenais que si quelqu'un pouvait le faire revenir au bistrot, ce serait nous, les cœurs purs. Peu d'êtres humains sont capables de résister à un enfant.

Alors nous y allâmes, Wolf et moi, on sonna à la porte, oncle Abe nous ouvrit, surpris de nous voir.

« C'est pour la tondeuse, dis-je. Elle s'appelle reviens.

– Ah, je vois », fit-il en nous priant d'entrer.

Il habitait une petite maison très propre, avec un petit jardin très propre, taillé de frais par notre tondeuse, une maison où rien ne présageait ce réactionnaire qu'il était.

Wolf me poussa du coude :

« Vise-moi ça. »

Des chaussures étaient alignées dans le vestibule. Une paire de Nike se détachait du lot sur leurs semelles voyantes.

« Alors, les enfants, quoi de beau dans votre vie ? » demanda la voix de l'oncle Abe pendant qu'il récupérait la tondeuse dans un cabanon.

On se regarda avec Wolf, on fit « toc-toc ». Cependant je n'oubliai pas la mission qu'on m'avait assignée.

« C'est que, on voudrait te dire, oncle Abe, il faut pas que tu le prennes trop à cœur, tout ce que l'on dit au bistrot, tout ça. »

Il sortit sa tête du cabanon :

« Vous en faites pas pour moi, les enfants. »

Alors moi, de ma voix pleurnicharde :

« Ce serait chouette que tu reviennes, tu sais. Tu nous manques. »

Je ne mentais que par omission. Comme je l'avais prévu, il fondit aussitôt.

« Je vous aime bien, les enfants, soupira-t-il. Vous avez bon cœur. Je vais essayer de venir plus souvent. »

J'espérais davantage, alors je dis :

« Explique-nous, onc' Abe, on ne demande que ça. »

Ma soif de connaissances le surprit. Il réfléchit un instant et laissa tomber la tondeuse :

« Suivez-moi. »

Nous montâmes dans sa bibliothèque. C'était très coloré, avec des radios en bakélite des années trente, un poster de pin-up *Titter, a fresh magazine*, une sculpture de Tex Avery – très décalé, surtout par chez nous. Un rayonnage entier de 45 tours fleurait le marché aux puces.

« Je vais vous faire écouter quelque chose. »

C'était parti. On passa ainsi l'après-midi à écouter des morceaux choisis sur un tourne-disque Columbia très vieux et très laid.

« Ça, c'est Elvis, commentait notre hôte. Et ça, Jerry Lee Lewis. Et maintenant, Aretha Franklin. Vous connaissez le jazz ? le blues ? Moi, à votre âge j'adorais ça. Billie Holiday, ça vous dit ? »

Et il déballait, déballait. Je faisais semblant de m'extasier – certains morceaux offraient une acoustique intéressante bien qu'un peu désuète. Wolf, lui, matait la pin-up. Mis en confiance, oncle Abe se dévoilait.

« *Là-bas*, ce n'est pas du tout ce que raconte oncle Guillaume, ou alors c'est très, très exagéré. »

Ensuite il nous dit :

« La civilisation de *là-bas* est une grande civilisation. Je l'aime profondément, et vous l'aimerez vous aussi, si vous apprenez à l'aimer. »

Enfin – ce devait être la musique lancinante de la boîte à rythme qui l'avait rendu si loquace – il se livra totalement :

« Je voudrais faire un voyage, les enfants, un grand voyage. *Là-bas*. Pour toujours. J'ai des idées de travail. Ça peut être jouable. Voyez-vous, c'est le climat de cette île qui me pèse. Et puis une certaine hostilité, oh, je ne parle pas pour vous. Les grandes personnes sont bien bornées. »

Il était temps de rentrer. On s'empara de la tondeuse.

« Promets-nous, onc' Abe, de venir souvent. Ne nous laisse pas tomber, onc' Abe. Si tu ne fais pas d'effort, tu nous laisseras sous influence complète de l'autre camp. Nous, on n'a pas tous les éléments comme toi pour faire la part des choses, alors ne nous abandonne pas.

– Puisque c'est vous qui le demandez, je vous le promets. »

Il était ferré.

Il nous prêta des disques pour qu'on les écoute chez nous, un livre d'histoire, un calendrier Marilyn… Quelques jours plus tard, le soleil revenu, il honorait de sa présence le coin sombre du bistrot, en nous lançant des œillades entendues. Nous, nous faisions semblant de lui répondre, sans que cela fût trop visible : il n'était pas question de risquer le moindre malentendu avec oncle Guillaume.

Assis à sa table, notre conteur se lissait la moustache et jonglait avec un cure-dents.

« Sacrés moustiques, hein ? dit-il en me dévisageant. Ils sont petits et insolents. Pas aussi hargneux cependant que certaines créatures que je connais, et je ne pense pas à toi, Michelle. »

Tout le monde rigola, et Michelle, la femme du patron, fit mine de lui reprendre son anis. Oncle Guillaume lui donna une claque sur la main – mentalement nous lui fîmes bien autre chose –, le précieux liquide revint sous sa moustache.

« Oui, il y a dans ce monde des vermines mystérieuses, aux pouvoirs effrayants. Bruno peut en témoigner, Bruno, l'antiquaire. Ça vous intéresse ?

– On-cle Guillaume ! on-cle Guillaume ! scanda-t-on de partout.

– Alors taisez-vous et écoutez. Bruno, celui qui avait l'habitude de venir ici il y a un an ou deux, Bruno, le type toujours mal habillé, des vêtements sales comme sortis de sous un évier, mais ce n'était pas par pauvreté, Bruno, le broc qui faisait crade exprès pour acheter moins cher et arnaquer les mamies, Bruno, quoi, eh bien il lui est arrivé une sale histoire, ouh là, une bien sale histoire qui a eu des répercussions sur sa santé.

Tout commence, comme souvent, par de la cupidité mal dosée. Un jour, comme les affaires ne marchent pas terrible – tourisme en baisse et crise économique –, Bruno accepte un paiement en liquide de la part d'un type venu de *là-bas*, un paiement en dollars. Pour une commode, je crois, ou un coffre, enfin ça fait une jolie somme. Il met le paquet dans la poche, il n'y pense pas plus que ça. L'après-midi, il passe à la banque. Je voudrais déposer des espèces, déclare-t-il. Très bien monsieur, on lui dit, remplissez le formulaire prévu à cet effet. Mais quand les types de la banque voient que ce sont des dollars, et une sacrée pile, ils sont comme sous le choc. La préposée au guichet appelle la chef de clientèle, qui appelle le directeur de l'agence : bientôt ils sont tous là, devant la pile de dollars à la regarder avec fascination et dégoût, comme s'ils avaient devant eux une opération à cœur ouvert.

"Ben quoi, dit Bruno, il y a un problème ?

– No-non, monsieur, lui répond-on, seulement on va prendre des dispositions."

La préposée sort des gants en caoutchouc, du genre qu'on utilise dans les hôpitaux, saisit les dollars avec d'infinies précautions et les compte doucement, en tournant du nez.

"Vous comprenez, lui explique-t-on, les dollars circulent dans de lointains pays, on ne sait jamais quels microbes peuvent en profiter pour venir chez nous. Le souci de santé pour nos employés est inscrit dans la charte de l'entreprise. Principe de précaution oblige. »

Bon, après tout ce sont leurs oignons. Bruno s'en va, en se disant qu'ils sont un peu saintes nitouches pour une banque.

Un jour passe. Un autre. Le troisième jour, Bruno sent une démangeaison à la cuisse. Il enlève son pantalon et découvre un gros bouton, comme une énorme piqûre de moustique, dont la taille, je ne sais pas, fait cinq fois le plus gros à Jean-Ramsès. »

Tout le monde se tourna vers moi pour examiner mon visage avec sollicitude. Je ne savais plus où me mettre. Wolf, lui, pouffait des gencives.

« Te gratte pas, Jean-Ramsès, hein ! poursuivit oncle Guillaume. Ça ne fera qu'empirer, et c'est pas génial pour les filles, mon bonhomme ! Bruno ne se gratte pas, lui, il se retient de toutes ses forces, mais les jours passent et le bouton est toujours là, il ne pense pas à sécher comme les piqûres ordinaires, il ferait même un peu mal, comme si une dent de sagesse y poussait. Bruno met de la pommade – ça ne fait qu'aggraver. Surtout, il s'aperçoit qu'un peu de sang frais suinte du mamelon. Il comprend alors que la piqûre se renouvelle chaque jour comme si un moustique géant venait s'abreuver à sa cuisse, la nuit tombée, en plantant sa tige toujours au même endroit.

Bruno est fatigué, il a la tête qui tourne, son teint est pâle. Il dépérit. Plus aucune force dans les bras. Deux semaines que ça dure. Il irait bien consulter, mais qui va consulter pour une piqûre de moustique ? Un matin, ça ne va pas du tout, il n'a pas la force d'aller à la boutique, il reste chez lui à faire du rangement, il entreprend même une lessive. Et voilà-t-y pas que dans la poche de son pantalon, précisément au-dessus de la plaie, il retrouve un billet d'un dollar qu'il avait laissé là par mégarde. "Tiens, se dit-il, qu'est-ce qu'il fiche là." Il tient le dollar, comme ça, entre deux doigts, quand soudain il réalise : le billet a une épaisseur. Il le tâte – pas de doute, il y a comme un liquide à l'intérieur. Non seulement ça, mais sa couleur n'est pas habituelle des dollars, il est globalement rose, virant carrément au rouge par endroits. Quel est ce mystère ?

Quand il comprend, l'évidence manque de le renverser : le dollar est gorgé de sang. Oui, mesdames, de sang ! C'est lui, le moustique tropical qui lui suçait la cuisse depuis deux semaines. D'ailleurs, quand Bruno l'examine attentivement, il remarque du rouge foncé autour de la bouche de George Washington, du sang séché, et un curieux mouvement des lèvres qu'il a d'abord pris pour une pliure de papier, probablement l'orifice où se tient le dard. En appuyant doucement sur le jabot de Washington, on voit ses yeux s'injecter et une perle de sang gonfler aux commissures. Telle était, mesdames et messieurs, l'horrible découverte de Bruno. »

Oncle Guillaume fit une pause dramatique. Nous étions pétrifiés. On n'entendait plus que les pales du grand ventilateur. Le soleil lui-même semblait figé sur l'après-midi tétanisée.

« Ha ! ha ! ha ! entendit-on rire, un peu surjoué, en provenance du coin sombre. Ha ! ha ! ha ! Vous êtes prêts à gober n'importe quelle ânerie ! »

C'était oncle Abe qui se manifestait, comme au bon vieux temps.

Oncle Guillaume le regarda, presque avec gratitude, et ne se priva pas du plaisir de laisser éclater sa rage :

« Ah ben ça le fait rire ! Ah ben il y en a qui se tordent les boyaux ! Regardez cette face de roseau ! La souffrance d'un homme n'a pas d'importance à ses yeux. Seule compte l'utopie qu'il a bâtie à grands coups de mauvaise foi ! »

Les habitués firent aussitôt bloc derrière oncle Guillaume. On criait, on insultait oncle Abe dans un joyeux vacarme qui faisait valser les tables. Mais l'autre, galvanisé, ne se démonta pas :

« Je pense que Bruno aurait dû se laver plus souvent. Changer de pantalon plus d'une fois par mois n'aurait pas fait de mal. Sa fréquentation de certains salons, disons, euh, angéliques, que vous connaissez tous mais dont je ne dirai pas davantage à cause des enfants, n'a pas été sans conséquences non plus. Je pense à la chtouille, tout simplement. »

Ce fut l'explosion. On se leva, on se bouscula autour du coin sombre. Le patron saisit oncle Abe par sa chemise, laissant sur place quelques boutons de nacre. Le facteur lui criait des insultes sur sa mère, le docteur Soubise essayait de le pincer, tandis que la patronne flotta vers lui sur un nuage de volupté, saisit son bock de bière et le lui vida entre les jambes.

Il supporta l'attaque sans fléchir, cherchant dans notre regard par-dessus la foule des motifs d'espérance. On ne se priva pas d'en donner – de ces grands yeux pleins de douleur, comme en ont les faux aveugles mendiant dans le métro –, d'autant que personne ne nous voyait.

« Laissez-le, commanda soudain oncle Guillaume. Mettez-le à la porte, et laissez-le. Il m'importe de ne pas perdre le fil de cette histoire. »

Joyeusement on fit ce qui nous était demandé et l'on revint autour d'oncle Guillaume, plus soudés que jamais. Oncle Abe resta sur le trottoir, en plein soleil, le pantalon trempé comme s'il avait une fuite. Il n'intéressait plus personne.

« Bruno, donc, reprit oncle Guillaume. Bruno pose le dollar sous une grande cloche en verre, pour l'étudier plus soigneusement. "J'espère que la sale bête ne m'a pas refilé quelque maladie », pense-t-il. Il en parle à son médecin, sans entrer dans les détails de son aventure car il a peur qu'on le prenne pour un fou. Le médecin le regarde avec un air sévère et lui prescrit une cure d'antibiotiques à titre préventif. Le billet entre-temps maigrit quelque peu. "Au régime sec, et bien fait pour toi !" pense

Bruno. Cependant, quand il passe à côté, il a l'impression que Georges Washington le regarde avec des yeux affamés.

La plaie va mieux. Elle est pour ainsi dire guérie. Bruno reprend ses activités habituelles. Il va à la banque.

"Je voudrais le solde, SVP, fait-il.

– Le compte titres aussi ? demande la préposée.

– Quel compte titres ?"

Bruno tombe des nues.

"Ben oui, dit la préposée, votre portefeuille d'actions du Nasdaq."

Elle lui tend une feuille avec des graphiques bleus et rouges, l'électrocardiogramme de son argent.

Ainsi Bruno découvre qu'à son insu la banque avait investi en actions de Wall Street, comme si ces requins avaient besoin d'argent supplémentaire.

"C'est quoi ces conneries ? dit Bruno. Où est mon plan d'épargne-logement ? Je veux parler à la chargée de clientèle."

Ils accourent tous, la chargée de clientèle, le directeur de l'agence, ils se penchent sur son cas, ils font des ronds avec les bras, ils tapent sur une calculette, pour aboutir au résultat suivant : son compte a attrapé une mystérieuse maladie le jour où il a déposé les dollars. Le triste résultat en est que son argent n'obéit plus aux injonctions des banquiers, il a gagné une sorte d'autonomie et s'investit lui-même où bon lui semble, avec une préférence pour des valeurs libellées en dollars.

"C'est insensé, dit Bruno.

– À qui le dites-vous, soupire le directeur. Nous devons procéder à une isolation informatique de votre compte pour qu'il ne contamine pas les fonds propres de la banque.

– Remarquez, votre placement dans Boeing a été plutôt judicieux", souligne la chargée de clientèle, mais Bruno lui décoche un regard de ninja.

Ainsi passent plusieurs semaines. Grâce à son ordinateur, Bruno suit à distance les circonvolutions de ses avoirs outre-Atlantique. L'argent se bloque tout seul dans des entreprises douteuses – armement, produits pétroliers, cholestérol – et ne compte pas du tout rentrer en France. À chaque achat, la banque prélève une commission pour "frais de gestion à risque", entendez les précautions qu'elle prend pour circonscrire la maladie, ce qui diminue d'autant les réserves de graisse. À ce rythme, après une dizaine d'allers et retours dans la nouvelle économie, les gains modestes réalisés avec le titre Boeing sont siphonnés par le néant. Le reste du portefeuille ne tarde pas à les suivre, inexorablement, comme la batterie d'une voiture dont on aurait oublié les phares.

« Saleté de dollar ! » pense Bruno, mais que peut-il faire ?

Il soulève la cloche de verre et prend le billet, tout plat désormais, et tout vert. Avec de grandes précautions – car au moindre faux pas George Washington essaierait de le mordre – il l'épingle à une plaque de liège. Il sort un couteau suisse, des aiguilles, une seringue. De longues heures il s'escrime sur le maudit rectangle. Il pique, il découpe, il tire. Quand vient l'aube, rien de ce qui est dans les tripes du dollar ne lui est inconnu. Il s'endort épuisé, terrassé par des découvertes prodigieuses qu'il a été le seul à voir.

Le lendemain, il est en cessation de paiement. Sa banque prend une voix toute triste et l'interdit de chéquier. Il est contraint de fermer boutique et s'en va errer sur le continent. Je crois qu'il est clochard, maintenant. Le destin de bon nombre de philosophes et de justes. Une forme de spiritualité par rapport à l'argent. »

Oncle Guillaume avait terminé. On resta assis dans le soleil couchant, oisifs parmi les longs éclats des cendriers, des carafes et des verres vides. Les bocks transparents, les flancs couverts de traînées de mousse, faisaient courir sur les tables des paramécies menaçantes. Puis, quand l'ombre du nez devint plus longue que la moustache, le soleil accéléra soudain, comme s'il avait mis sa roue sur une forte pente bien dégagée, les lumières tintèrent une dernière fois dans une débauche de contrastes et la pénombre dorée s'étendit langoureusement. Il est des silences qui sont des oasis de bonheur.

Quand on sortit du bistrot, sur le chemin de la maison, je montrai à mon père les disques et autres gadgets que nous avait prêtés oncle Abe.

« Ah, il fait du prosélytisme ! » s'emporta mon papa.

Il me confisqua tout le sac et le jeta dans une benne de travaux publics.

Après dîner, prétextant une envie de prendre l'air, j'allai récupérer les disques en cachette. Ça pouvait avoir de la valeur. Je les conservai plusieurs jours sous mon matelas, puis je les revendis à un broc ambulant. Mon épargne fut la première étonnée de la somme que je parvins à en tirer.

## Interdit aux mineurs

« Alors, les enfants, vous en dites quoi ? »

Ce fut par ces mots que l'oncle Abe – anormalement en avance – nous cueillit un jour que nous arrivions au bistrot, en avance nous aussi par manque d'activités parascolaires.

« La canaille se lève tôt », me souffla Wolf.

Nous devinâmes aisément qu'il nous avait guettés, nous et personne d'autre, pour nous parler entre six yeux avant l'arrivée des vétérans.

Le patron somnolait derrière le comptoir, la patronne déchargeait le lave-vaisselle : il n'y avait pas de danger à s'afficher en compagnie d'oncle Abe. Alors je lui improvisai un truc sur les passerelles qui existent entre la haine et l'amour, car je me figurais qu'il avait été traumatisé par les attaques qui avaient repris de plus belle depuis son retour. Je lui dis qu'il ne fallait pas qu'il se formalisât pour tous les gros mots qu'on lui envoyait, qu'au fond on l'appréciait vachement – je soulignai ce mot, *vachement*, car il me paraissait porteur d'un maximum de sincérité – et même que sans lui notre vie de quartier ne serait plus tout à fait aussi spontanée – là-dessus, je n'exagérais pas. Enfin, je lui montrai en quoi nos altercations étaient une expression vivante de la démocratie.

« Ah, mais je ne parlais pas de ça, Jean-Ramsès, m'arrêta-t-il, et je me sentis un peu couillon. L'opinion de la meute ne me dérange pas. Avez-vous écouté les disques ? »

J'avais complètement oublié ces gris-gris d'un autre âge.

« Comment as-tu trouvé l'enregistrement rare d'Al Hirt ? insistait-il. Et ce rock lourd de ZZ Top, à l'odeur de pétrole ? »

J'eus un geste vague.

« On les a bazardés, dit soudain Wolf. Hop hop, à la poubelle à ordures. Disparus, tes fétiches ! De l'air ! Vis avec ton temps, mec. »

Le coup me prit à froid dans le plexus. Je compris que Wolf se vengeait ainsi de la petite trahison que je lui avais servie l'autre jour face à l'oncle Guillaume, quand j'avais cafté. Ce geste pas joli me mit immédiatement dans l'embarras car il n'y a rien qui produise aussi mauvaise impression que de l'hypocrisie démasquée.

« *Mon père* les a bazardés », corrigeai-je, mais le mal était fait. Oncle Abe prit ses distances :

« Pourquoi donc les as-tu montrés ? Tu es donc aussi lâche que les autres ? Et vicieux en plus ? Tu ne comprends donc rien ? »

Le voilà parti dans une tirade sur les mérites de son Eldorado, rapportés à la petitesse de notre pays et de ses habitants. « La petite royauté », qu'il nous appelait. « La petite royauté peuplée d'arrogants et de complexés. » Nous ne nous trouvions pas si petits que ça, Wolf et moi, au contraire on débordait d'énergie, l'avenir sur l'île nous paraissait moelleux dedans et doré sur le dessus, comme les fesses de madame Saint-Ange, on ne voyait pas où il voulait en venir avec ses propos catastrophistes.

« Mais ouais, disait Wolf, c'est ça, t'es le meilleur.

– Si danger il y a, il vient de *là-bas*, ajoutai-je. Mais je ne veux pas polémiquer avec un petit p. »

D'autant que le bistrot commençait à se remplir. Nous dégageâmes vite fait à nos places. Oncle Abe s'enferma dans un mutisme noir qui suppurait. Il rejoignit son coin sombre et resta planté là comme la statue du commandeur.

Oncle Guillaume arriva et j'eus ma deuxième mauvaise douche de la journée.

« Bonjour les mômes, nous dit-il. Aujourd'hui l'histoire que je vais raconter n'est pas pour vos jeunes esprits. Désolé, mais vous dégagez.

– On n'a rien fait de mal, onc' Guillaume, protestai-je au bord des larmes.

– On ne discute pas. »

Nous commençâmes à pleurnicher, et mon père, voyant à quel point nous étions déçus, tenta de négocier, en vain.

« C'est la Saint-Valentin, expliqua oncle Guillaume. Les dames ont été nombreuses à demander une crêpe spéciale. »

Mon père hocha la tête : on n'avait pas le choix. Le front bas, nous nous exécutâmes. Dans notre dos, on entendait les voix animées des habitués, les trémolos du patron et les rires étouffés des femmes. Rarement dans ma vie j'eus à maudire mon âge avec autant de force.

Penser que l'on irait à la pêche serait mal nous connaître. On fit semblant d'aller vers la plage, puis on coupa par le sous-bois qui nous amena de l'autre côté du grand bâtiment mitoyen au bistrot, où l'on entra pour se faufiler au dernier étage. Un peu de voltige, et nous voilà sur le toit, au-dessus de la cuisine, émoustillés comme des pucerons. Wolf, plus doué que moi dans ce genre de manipulations, sortit un canif et l'on eut vite fait d'ouvrir le sas.

« ... d'aucuns ont des attirances sexuelles pour les demoiselles de *là-bas*, entendit-on la voix posée de l'oncle Guillaume. Leur discours est simple : peu importe les dangers et les forces malfaisantes, si l'on s'aime, tout est rose, la vie est pleine de cœurs en guirlandes. Combien de godelureaux se sont fait attraper par leur, pardonnez-moi, parce qu'ils n'avaient pas vu au-delà des apparences séduisantes. À tous les jeunes gens ici présents (on devina qu'oncle Guillaume regardait le docteur Soubise), je voudrais dire ceci : évitez de copuler avec les créatures de *là-bas*, car bien des désenchantements vous y guettent.

À ce propos, je vais vous raconter l'histoire qui est arrivée à mon ami G, grand amateur de la chose, connaisseur s'il en est de tous ces tours de passe-passe que l'on nomme "positions", adepte de tourisme tagada dans les pays les plus sordides. À moins que vos oreilles ne soient pas faites pour ce genre de récit corsé. »

On entendit de nombreuses protestations et un brouhaha joyeux envahit le bistrot.

« Je vous préviens sérieusement, et ne venez pas vous plaindre après, insista oncle Guillaume.

– Allez onc' Guillaume, on n'est pas des gamines, vas-y, déniaise-nous.

– Bon, d'accord, capitula-t-il de bonne grâce. Mon ami G fréquente un port mal famé, sur le continent, pas très loin de chez nous, un port où se pratiquent toutes sortes de déviations avec des filles incroyables venues spécialement des coins paumés du monde, Hao Bin, Dniepropetrovsk, Samarkand, voyez, ce genre de destinations où même une lettre met trois semaines pour arriver. Il y a pris ses habitudes, noué des relations. Un jour il a vent d'un arrivage extraordinaire, une perle d'une grande beauté, une fille de *là-bas*. G est tout excité, vous pensez bien, il n'a jamais fait avec ce genre de fille, dans nos contrées c'est une marchandise rare, à moins d'aller directement s'approvisionner au pays, mais c'est tout une expédition, qui n'est pas sans risque, comme vous le savez. Toutes sortes de bruits circulent, la belle serait un mélange de Cléo de Mérode, de Mata Hari et de princesse Leia. Elle ferait de ces choses... De nombreux amateurs se rassemblent au port, les prix grimpent. G est bien introduit dans le milieu, il y jouit d'une réputation d'homme sage, bon payeur et gentil avec les filles, il a une sorte de bonus, on le met parmi les premiers sur la liste, à condition bien sûr qu'il ait de quoi assurer, au propre comme au figuré.

– Comment ça, hi hi hi, au figuré ? demanda une voix de femme.

– Ben euh, en plus du prix, la belle demande des clients capables de s'investir dans la durée, des types consciencieux, quoi.

– Ah, si l'on avait le choix, soupire la voix de femme.

– C'est quoi ces chichis ? s'insurgea le patron. Le client est roi !

– Pas dans l'univers du grand luxe, dit sobrement oncle Guillaume. Il faut le mériter. À côté, madame Saint-Ange c'est le Franprix du pauvre, excusez-moi de la comparaison, je ne cherche à vexer personne. G n'est pas à ce niveau d'amateurisme. Il lui faut des sensations extrêmes. Il fournit les preuves nécessaires, il paie le prix demandé, et le voilà muni de son billet d'entrée, à dix-huit heures trente, quai de l'Embarquement, cabine n° 50, il erre dans le port en attendant sa séance.

À vingt minutes du rendez-vous, alors qu'il en est à compter les pavés, avec son (pardonnez-moi) qui est tout dur au fond du pantalon, une vieille femme très laide s'approche de lui. Il essaye de la repousser mais elle s'accroche à lui en chamachant de sa bouche édentée : “Fais gaffe à toi, de sombres démons tournent autour de toi.” Pour s'en défaire, il lui lance une pièce de monnaie. La vieille prend ça pour un geste du cœur et à son tour elle lui donne une petite croix en bois : “Elle te servira le moment venu.”

Vient l'heure fatidique. G entre dans la cabine n° 50. Il voit une belle créature blonde, avec de longs cheveux bouclés, un visage mignon assez standard, le corps entièrement couvert d'un épais peignoir. “Qui me dit qu'elle vient de *là-bas*, se demande G, méfiant. Il faudra que je demande un certificat.”

Alors ils s'y mettent, sauf que la fille examine le corps de G, minutieusement, pour y chercher des coupures éventuelles, des traces de champignons – entre les orteils ou derrière les oreilles –, des boutons d'herpès, tous les défauts possibles qui indiqueraient un manque d'hygiène ou une maladie. Elle finit par la crasse sous les ongles qu'elle nettoie avec une petite brosse enduite de liquide antiseptique. “Tout cela est bien étrange”, pense G, un peu dégoûté.

Il enfile sa petite précaution, mais ce n'est pas suffisant. La fille sort deux sacs plastiques spéciaux à mettre sur les pieds et une sorte de cagoule. Un appareil spécial en forme d'hygiaphone est prévu pour la bouche et le nez. G comprend que c'est pour éviter les écoulements de salive, porteuse de germes et de mauvaises odeurs. Enfin ils s'y mettent pour de bon. Dans cet accoutrement ridicule, G a chaud comme un lapin, ses pieds glissent sur la moquette et son (pardonnez-moi) n'est plus tellement raide. La baudruche se dégonfle, si je peux me permettre, malgré les atouts indéniables de la fille. Quand on sait le prix qu'il a payé, les sacrifices en temps consentis pour cette tocade, le résultat est assez décevant. Une grande frustration flotte dans l'air.

Voyant cela, en grande professionnelle, la fille ouvre son peignoir et applique la règle des trois profondeurs, d'abord la bouche, puis la… vous me comprenez, enfin le… Mme Bovary.

– La totale, siffla une voix d'homme que nous attribuâmes au facteur.

– Non, mais dis donc ! répliqua sa femme.

– Je suis désolé pour ces détails un peu techniques, poursuivit oncle Guillaume. Sans eux, mon histoire ne tient pas. Pas davantage que le (pardonnez-moi) de mon ami G. Car malgré la science de la dame, il reste flagada comme un masque à gaz, tout ce qu'il a vu jusqu'à présent ne le branche pas plus que ça. Il s'apprête à ranger son outillage quand la fille se soulève sur la couche et lui fait comprendre qu'il ne regretterait pas de jeter un coup d'œil plus poussé aux endroits délicats. Genre, t'as pas tout vu, mec. Regardes-y à deux fois avant de critiquer. Lis entre les lignes. Il obéit, plus par curiosité que par concupiscence, et miracle ! il découvre effectivement en haut des fesses une petite merveille, une ouverture dont il n'avait pas soupçonné l'existence, et ce n'est pas le Mme Bovary, no-no-non, encore moins la… vous me comprenez, car c'est tout petit et circulaire, tout bordé de pétales rose sombre, donc je dirais que techniquement ça ressemble à un deuxième trou du cul, aussi incroyable que cela paraisse. »

Il y eut un silence consterné. Wolf choisit ce moment pour éternuer mais personne ne fit attention. Je crois que l'on aurait pu danser la farandole des canards sur le toit du bistrot que personne n'aurait bougé. Oncle Guillaume demanda une petite gnôle. Après un tintement caractéristique, le récit reprit.

« Je ne sais pas quelle aurait été la réaction d'un type normal, peu rodé aux parties de plaisir, peut-être se serait-il enfui, mais mon ami G ne s'est pas démonté. “Je vais lui montrer ce que valent les petits Français”, se dit-il. Surtout son (pardonnez-moi) était tout nerveux comme un cheval avant l’ouverture des grilles, tout partant qu’il était, on aurait dit Christophe Colomb. Une deuxième jeunesse. Alors il y est allé, dans le Mme Bovary d’abord, pour avoir des éléments de comparaison, puis, une fois qu’il en a assimilé les pulsations, dans le… Salammbô, puisqu’il faut bien lui donner un nom. Salammbô lui paraît plus étroit, rugueux, intime. Il sort et revient dans Mme Bovary, très pastel, un brin vieux jeu, traditionnel, mais ça a aussi son charme. Par réaction il trouve Salammbô un peu jeune, mal abouti et risqué comme peut l’être un chemin au bord d’une falaise. Pour en avoir le cœur net il y retourne, c’est ferme là-dedans, élastique et profond. Ses certitudes s’effondrent. C’est maintenant Salammbô qu’il pare de toutes les vertus. Il passe son temps à hésiter ainsi entre les deux pour délivrer son cri final, quand la dame, le voyant indécis, guide sa main encore plus haut dans le dos, vers un bourrelet très intéressant qu’il a négligé jusqu’à présent. Il tâte la chose machinalement et son doigt tombe… sur une cavité.

– Nom de Dieu ! jura mon père.

– Oui, soupira oncle Guillaume. Trois fois oui. Il a trouvé Bouvard et Pécuchet, aussi circulaire que les deux autres, aussi sympathique en apparence, mais comment faire abstraction du fait que c'est le troisième de la même race sur une seule femme ? Déjà le deuxième c'était grave, et seule la lubricité sans bornes de mon ami G a pu le motiver à en affronter les mystères. Bouvard et Pécuchet est de trop. G perd soudain toute consistance. Il songe à ce qu'il a fallu subir à la fille pour en arriver là. D'habitude c'est seulement les seins que l'on refait, peut-être le nez ou les lèvres. Quand on sait – par ouï-dire – que chez madame Saint-Ange, le plus osé dans le genre est un piercing dans la… vous me comprenez, on se dit que la fille, ou plutôt son manager, a dépassé les bornes du bon goût.

– Et du supportable, corrigea une voix outrée de femme.

– C'est dégueulasse », enchérit le patron.

Soudain :

« Ce qui est dégueulasse c'est d'inventer pareilles sornettes », jaillit la voix d'oncle Abe.

Le bistrot fut secoué par une quinte de toux étouffante, comme si une arête de poisson lui était restée coincée dans le gosier. Les murs tremblèrent un peu, les verres tintèrent – l'un d'eux se fracassa au sol –, et l'oncle Abe fut recraché dans la rue, un peu ahuri par la rapidité de son expulsion, la veste contusionnée, les cheveux en vrille. Il s'éloigna clopin-clopant en affectant un air de dignité qui ne trompait personne.

Le brouhaha se consuma rapidement. On aurait dit que l'intervention de l'oncle Abe avait été prévue, sinon espérée, qu'elle n'était qu'un mauvais moment à passer dont on ne pouvait faire l'économie, ce qui la rapprochait du traditionnel discours de mariage, pénible pour tout le monde mais indispensable au sentiment d'unité.

« La suite ! » criait-on de partout, et l'on entendit le rire lourdaud de l'oncle Guillaume :

« Ho ! ho ! ho ! Dès que c'est un peu grivois, on en redemande, hein ?... Toujours les mêmes, hein ? »

Nous imaginions son sourire espiègle, ses mains gentiment baladeuses, sa moustache en shako.

« Ah, si vous étiez à la place de G, vous vous calmeriez d'eau froide, je vous garantis. Écouter les histoires est une chose, les vivre sur sa peau personnelle, ça, Dieu vous en préserve ! Car G est confronté, lui, à cette monstruosité, pire il est encore un peu dedans avec son (pardonnez-moi), et il n'en mène pas large. La fille a beau se tortiller comme le serpent au paradis, il n'a qu'une seule idée en tête : déguerpir au plus vite. Seulement je voudrais vous y voir. C'est beaucoup plus facile à dire qu'à faire. Le (pardonnez-moi) a cette tendance à rester coincé quand l'afflux de sang est trop important. Le sentant défaillant, la fille a comprimé ses facultés. Salammbô se serre à la base comme un gros anneau élastique – ou un nœud coulant, si vous préférez –, les vaisseaux sanguins ne parviennent pas à se défaire du trop-plein, c'est fini, il est dans la souricière. Coincé dans une situation peu enviable, G passe de la gêne au dégoût, puis à l'écœurement. C'est alors qu'il sent distinctement au bout de son (pardonnez-moi) comme une sorte de mouvement circulaire qui ne trompe pas l'expert ès galipettes qu'il est. Il y a une *langue* au fond du machin !

Ç'en est trop. Au comble de la révulsion il devient brutal, tente de se dégager : rien à faire, la fille le tient, si l'on peut dire, à la racine. Heureusement il se souvient de la croix de bois que lui avait donnée la vieille femme laide. Il se traîne vers sa veste – avec la fille accrochée à lui comme une sœur siamoise –, glisse une main dans la poche… ouf, elle est là. Il la catapulte sur la poitrine de la créature en lui criant des mots insensés. De peur ou d'étonnement – à moins qu'il y ait une raison plus mystique –, elle relâche ses sphincters. G se sent libre, ébouillanté dans la marmite du diable mais libre. Il se précipite vers la porte sous un flot d'insultes carabinées. Il a eu juste le temps de la refermer avant qu'elle ne se jette sur lui.

– Il a eu chaud, dit mon père.

– Oui, on peut dire ça, fit tranquillement oncle Guillaume. Mais on peut dire aussi qu'il a été idiot d'aller avec une fille de *là-bas*. L'attirance exotique, la curiosité… Si l'on finit tous en enfer, c'est par curiosité, moi je vous le dis.

– Je me demande ce qui peut naître d'un accouplement avec ce monstre, se demanda le facteur.

– N'y pense même pas ! cria sa femme, et l'on entendit une taloche.

– J'imagine que ces unions sont stériles, déclara la docte voix de l'instituteur. Ou alors il leur naît un taré, genre oncle Abe. »

Ils restèrent à méditer ces paroles et nous comprîmes qu'il était temps de filer. Wolf me suggéra de passer chez madame Saint-Ange car cette histoire nous avait donné des idées. Je refusai prudemment. Je n'avais pas assez d'argent pour me payer autre chose que Josiane. « T'as qu'à pas te gêner dans le lave-linge », suggéra Wolf avec ses gros sabots habituels. Je fis la moue. Bizarrement, je trouvais immoral de prendre beaucoup d'argent d'un coup. Il me semblait que les petits larcins avaient plus d'avenir. La stratégie des paliers menait cependant vers le même résultat peu glorieux : tôt ou tard mon père s'apercevrait du trou béant dans ses économies. Comment y remédier ? Je n'avais pas de solution.

« Poule moite, me dit Wolf. T'as rien dans le falzar. Tu devrais demander à un chirurgien de *là-bas* de t'en faire une deuxième.

– Ça sera toujours plus simple que de te faire une greffe du cerveau », répondis-je.

On passa ainsi du temps en politesses, puis Wolf rentra chez lui pour écrire une carte de Saint-Valentin à Stéphanie.

# La boîte à transfert

Les journées se succédaient ainsi, d'un récit à l'autre, les saisons défilaient dans le désordre de mes souvenirs, les jupes s'allongeaient ou raccourcissaient suivant les modes et l'impertinence de mon regard, l'enfance déroulait pour nous son confortable tapis d'insouciance. Le bistrot ne désemplissait pas, au contraire. Le cercle des habitués s'élargissait : après le journaliste royaliste vinrent la femme de ménage aux origines étranges, le chauffeur de taxi volubile, le sportif sur le déclin, le petit escroc en machines à coudre. La renommée d'oncle Guillaume grandissait, passait le bouche à oreille du village voisin, grimpait plus haut, et l'on vit même des gens du Nord venir prendre le rhum avec nous. Le patron installa une grille en fer-blanc pour le rangement des vélos et embaucha une étudiante, payée au noir, qui eut tôt fait de déniaiser le docteur Soubise. Nous avions un vague espoir, Wolf et moi, d'être les prochains sur sa liste. Hélas, vu notre jeune âge et l'absence chronique d'argent, nous ne représentions qu'un très faible pouvoir d'attraction. Ainsi tournait notre île, poussée par les marées, et se vidait le lave-linge de mon père, inéluctablement, comme une cruche percée, nous permettant de faire fonctionner nos jeunes attributs chez madame Saint-Ange.

Oncle Guillaume, lui, ne changeait pas. Il venait lentement à sa table, s'installait en passant et repassant le dos de la main sur sa moustache, jetait un rapide coup d'œil sur ses ouailles – en n'oubliant pas le coin sombre où se tenait oncle Abe, silencieux et hostile, de plus en plus serré à mesure que le bistrot se remplissait –, fronçait les yeux dont l'éclat ne s'altérait jamais. D'abord lointaine, sa voix rocailleuse montait en volume – ou était-ce nous qui nous taisions pour ne pas en perdre une miette ? –, nous enveloppant dans une formidable étreinte.

Un mardi après-midi vers quatre heures, alors que l'assistance était particulièrement nombreuse, il s'étonna :

« Il n'y a donc personne qui travaille, dans ce pays ? »

Pas de réponse. Le docteur Soubise faisait semblant de chercher quelque papier important dans son sac. L'instituteur toussa abondamment pour signifier qu'il était gravement malade. Wolf et moi, qui avions honteusement séché le cours d'instruction civique pour nous retrouver au bistrot, regardions nos baskets comme si elles pouvaient nous téléporter loin d'ici.

« Moi, je travaille, dit enfin le patron.

– Tu dois bien être le seul », soupira oncle Guillaume, l'air sévère mais intérieurement ravi que des dizaines de types sacrifient leur devoir au plaisir d'écouter une histoire.

« Il faut faire la part des choses, reprit-il. Celui qui oublie ses obligations quotidiennes peut faire le jeu des forces obscures, sans même s'en rendre compte.

– Oncle Guillaume, dit le docteur Soubise, tu nous sers là un discours rétrograde.

– Tous les progrès sociaux de nos pères et grands-pères ont visé à nous affranchir du travail, cet esclavage des temps modernes, récita le journaliste.

– Le mot même "travail", vient du latin *trepalium* – instrument de torture, souligna l'instituteur.

– Doucement, les enfants, fit l'oncle Guillaume en souriant devant leurs boucliers. D'un côté, vous avez raison. De l'autre, écoutez l'histoire qui est arrivée à un gars du pays, chauffeur de bus sur la liaison La Normande-Saint-Garou, un brave gars approchant de la cinquantaine, lassé par son boulot sans perspective de carrière, avec au-dessus de lui un chef d'équipe un peu rigide qui passe son temps à le contrarier pour les congés ou le repos compensatoire. Face à l'adversité du quotidien, Michel élabore un système. Les jours où il n'y a pas trop de passagers, en période de vacances scolaires ou les week-ends à pont ou tout simplement parce qu'il y a dans la semaine des jours creux qui ressemblent à des jours fériés, il fait semblant de sortir le bus pour la tournée de quatorze heures quinze, mais il prend par l'avenue de la République au lieu d'aller tout droit, puis il se gare dans un endroit discret près de la zone désaffectée, coupe le moteur et s'en va pour une après-midi buissonnière. Ne croyez pas qu'il traîne au bistrot – comme certains –, ce n'est pas le genre. Il se rend à la bibliothèque municipale, oui monsieur, où il se documente sur divers sujets historiques qui l'intéressent. Parfois, il fait des recherches dans les archives de la préfecture pour construire son arbre généalogique. Il est ainsi remonté jusqu'à Hugues Capet. Pendant ce temps, les usagers – peu nombreux – attendent patiemment la tournée suivante ou prennent le taxi, pour ceux qui sont pressés. C'est tellement devenu une habitude que les gens ont fini par comprendre que le bus de quatorze heures quinze était sans doute une erreur, une faute de frappe dans les horaires et qu'il ne fallait pas compter sur ce bus-là. D'ailleurs personne ne se plaignait. Le chef d'équipe voyait en fin de journée son chauffeur rentrer en pleine forme et s'en réjouissait dans son fond humaniste. La municipalité faisait des économies d'essence qu'elle investissait dans les espaces verts, les fleurs du rond-point et les attractions pour enfants. Les usagers s'habituaient à marcher, ce qui est excellent pour la santé, mais pas seulement. En marchant, ils prenaient le temps d'admirer lesdits espaces verts, les nouvelles anémones du rond-point, le gazouillis des enfants, leurs poumons respiraient un air plus propre, et, les sens enivrés, ils oubliaient la légère déception de ne pas utiliser de bus – sans faire la relation de cause à effet, évidemment.

C'est dans ce climat de paix intérieure qu'un type tout de propre vêtu monte dans le bus du matin, celui de huit heures dix, que Michel conduit également car il n'est pas question de sécher à cause de l'affluence. Le type est scintillant des pieds jusqu'à la tête, même ses chaussures sont blanches, c'est étrange et le chauffeur le prend dans son viseur du coin de l'œil. Il le remarque d'autant mieux que le type tient une boîte noire, de la taille d'une boîte à chaussures, qu'il essaie de caser sous un siège. "C'est peut-être un colis suspect", pense Michel. Et aussi : "On n'est pas payés pour se faire exploser la figure." Rien d'étonnant à ce qu'il soit nerveux tout le long du trajet, il surveille discrètement le type mais il ne se passe rien de particulier jusqu'au terminus. D'ailleurs il n'a pas une tête de terroriste : il est roux avec des lunettes. Au moment de descendre

– sans la boîte noire, remarque Michel, une boîte noire qu'il aurait cachée quelque part (mais quel est l'intérêt de faire exploser un bus vide ?) – le type s'approche : "Dites-moi, mon ami, il n'y avait pas de bus hier, à quatorze heures quinze ?" Michel est tout gêné. Il se demande ce que veut le type. Il n'est pas de l'inspection des services, c'est sûr, car les gars de l'inspection préviennent toujours quand ils passent, ils ne s'habillent jamais aussi propre et ils ne parlent pas avec un accent aussi marqué, un accent du nord. "Un Russe, peut-être", pense Michel.

– Mais non, s'écria l'instituteur, c'est un type de *là-bas* !

– Tu as cent fois raison, dit oncle Guillaume. Mais ce n'est pas tout. Comme Michel ne lui répond pas – car il en est encore à analyser la situation – l'usager tout propre prend un air satisfait.

"Je savais bien ! dit-il en se frottant les mains. La boîte à transfert ne se trompe jamais. Merci, merci beaucoup !"

Mon conducteur se demande si c'est une blague. Jamais il n'a vu d'usager aussi serein malgré l'absence criante de bus à l'heure prévue. Il pense à une provocation. Mais dans quel but ? Pour tout dire, la tranquillité suave de l'étranger ne présage rien de bon. Michel prend une voix agacée, un peu vengeresse :

"Avant de descendre, assurez-vous de n'avoir rien oublié dans le véhicule.

– Ah, vous m'avez donc vu ! s'exclame l'étranger, visiblement déçu. Je n'ai d'autre choix maintenant que de déplacer la boîte à transfert. Comme c'est dommage."

Il revient à la place où il était assis, fouille sous le siège et sort la boîte noire.

"La boîte à transfert ? fait Michel. Expliquez-moi."

Et il a le bon réflexe de bloquer les portes. L'autre essaie de se faufiler, mais Michel tient la pression, il estime qu'il a droit à des éclaircissements.

"Je peux rester ainsi une après-midi entière, ça ne me dérange pas", précise-t-il.

Voyant qu'on ne lui donne pas le choix, l'étranger râle un peu, mais il n'est pas le maître ici – c'est encore heureux –, et il finit par céder. Il montre la boîte noire à Michel : l'extérieur est lisse, en métal sombre. Au centre il y a un cadran où se balade une aiguille, comme sur un voltmètre.

"Elle comptabilise les heures avant de les envoyer vers le modem.

– Les heures ? s'interroge Michel.

– Oui, fait l'étranger. Les heures que vous perdez. Celles où vous ne travaillez pas. Les pauses café, les faux congés maladie, les grèves abusives. Le mieux pour nous c'est quand vous êtes au bureau sans y être, quand vous traînez la patte, les types qui lisent en cachette, les déjeune-long, les se-la-coule-douce-le-bavardage, voyez ?"

Non, Michel ne voit pas – il est un peu de mauvaise foi.

“Ces heures sont automatiquement converties en richesse, un peu comme l’énergie du soleil est convertie en électricité, puis transférées chez nous suivant une formule économique difficile à expliquer où jouent les taux d’intérêt, les taxes douanières, les flux de capitaux et autres notions macroéconomiques. C’est le principe des vases communicants : on récupère ce que vous perdez. Tout ça, grâce à cette petite boîte.”

Il tapote la boîte noire amoureusement.

Mon conducteur a du mal à le croire.

“J’en ai jamais vu, remarque-t-il avec bon sens.

– Forcément, répond le type. Je viens d’être affecté à votre secteur. Il n’y a que très peu de boîtes par chez vous. Oh mais ça va changer, on a mis les bouchées doubles. C’est tellement rentable ! Et si vous ne la voyez pas, tant mieux, le taux de rendement est meilleur, et de loin. C’est pour ça qu’on l’a faite la plus discrète possible. Je suis sûr que vous avez déjà croisé ces boîtes sans faire attention. Les gens la prennent pour un truc de contrôle de vitesse. Dans les bureaux, on la maquille en détecteur de fumée. Et maintenant, laissez-moi sortir, j’ai du travail, moi.”

Le type parti, mon conducteur reste tout perturbé. Alors, comme ça, sans le vouloir, il a peut-être fait le jeu des forces obscures qui ont récupéré ses heures de non-travail, péniblement accumulées depuis des lustres, pour les utiliser à leur profit ! Un grand sentiment d'injustice l'envahit : c'est nous qui glandons et ce sont eux qui s'enrichissent, les fumiers ! Comme s'ils avaient besoin de ces petits tours de passe-passe pour être encore plus florissants !

Tout à ses pensées, il décide d'assurer la tournée de quatorze heures quinze, on ne sait jamais. Il roule avec son bus vide, il passe devant la mairie, la gare routière, le centre commercial, la tournée complète comme quand il était jeune. Les usagers le regardent comme s'ils voyaient Lazare. "Germaine, viens voir ! crient-ils. C'est-y pas le bus de quatorze heures quinze, bonne mère ?"

Sa tournée terminée, il rentre au dépôt. Il est fatigué comme s'il avait porté des meubles toute la journée – c'est l'effet de la surcharge inhabituelle de travail. Au dépôt, il parle à ses camarades, il leur raconte l'étranger tout propre, mais personne ne veut le croire. Certains chauffeurs naïfs le moquent ouvertement. Ils insinuent qu'il serait resté trop longtemps au café. Michel se fâche et les envoie promener.

Les jours suivants n'arrangent rien. Il est devenu méfiant, il scrute la foule pour y repérer l'homme, il fouille trois fois son bus après chaque tournée. Surtout, il ne peut se permettre de rater celle de quatorze heures quinze. Il y a comme un ressort interne qui s'est brisé. Il est assidu à son travail, et ponctuel à faire peur. "Vous n'aurez rien, fumiers! pense-t-il. Pas une minute, pas une seconde." Pire, quand la direction demande des conducteurs pour assurer le week-end de Pentecôte, il se porte volontaire.

"T'es fou, lui disent ses camarades, tu nous fais honte."

Il les regarde avec tristesse, peut-être même avec mépris, il a l'impression d'être le seul à se battre contre les boîtes noires, un combat perdu d'avance car comment voulez-vous qu'il compense à lui seul les heures perdues par ses camarades?

"Vous feriez mieux d'aller bosser", leur dit-il, et l'on comprend que ce genre de remontrances ne fait pas plaisir autour de lui.

"Tu déconnes ou quoi? disent ses camarades. Toi, Michel, tu t'es fait l'allié du grand patronat."

Ils s'éloignent de lui. La direction, au contraire, apprécie. Le chef d'équipe l'invite même à jouer à la pétanque, pendant le temps de travail réglementaire, hélas, en programmant de faux stages de formation. Michel, dégoûté, ne peut que décliner l'invitation.

De plus en plus de monde se presse sur le trajet du quatorze heures quinze. On dirait que les usagers ont une fascination pour ce bus longtemps considéré comme perdu. On pourrait croire qu'ils viennent exprès pour admirer l'ardeur au travail de

Michel ou faire la conversation. Pourtant il ne leur parle pas, pas plus qu'il ne parle à la hiérarchie, coupable à ses yeux des mêmes dérives laxistes qu'il a connues. Même aux heures de pointe, la solitude le mine. Le regard absent, il fixe la route devant lui, il ouvre et ferme les portes avec une ponctualité diabolique, on dirait un robot.

Un jour, au volant de son bus, il fait un drôle de rêve éveillé. Il s'imagine qu'on lui confie une autre ligne en plus de la sienne. Il ferait en somme le travail de deux conducteurs. En mordant un peu sur les jours récupérateurs, ce n'est pas un pari absurde. Il accepte. Avec ses nouvelles capacités, sentant planer sur lui l'ombre des boîtes noires qui ricanent sous cape à chaque fois qu'il lève le pied, Michel assure comme une bête. Mieux, il s'en sort tellement bien qu'on le prie de bien vouloir passer chef d'équipe. Il multiplie les tournées, ajoute des horaires de nuit, vérifie lui-même la propreté de ses bus. On le nomme adjoint aux transports à la mairie, puis directeur des transports pour l'ensemble de l'île. Il bosse comme vingt. On dirait qu'il est possédé. On le cite en exemple. On l'invite à s'exprimer. Il se voit à la tribune dans un stade : "Qu'est-ce donc que la démocratie, sinon du transport d'usagers d'un endroit à un autre ?" Dans la foulée, il instaure le service minimum. Sa popularité sur l'île devient immense. Le cabinet du ministre le remarque…

Son ascension aurait pu continuer ainsi jusqu'à la présidence de la République, quand un passager brise soudain l'enchantement en lui demandant pourquoi le bus ne s'est pas arrêté à la gare routière, comme prévu. À force de rêvasser, il a raté une station. Une dame avec une poussette l'insulte vertement. Michel bave un peu sur sa chemise, puis il lâche le volant et s'effondre dans d'atroces convulsions. Il fait une crise d'épilepsie.

Heureusement le bus n'allait pas vite. On est parvenu à le stopper sans dommages. Michel a été conduit immédiatement aux urgences. Sa convalescence a été lente et pénible. Elle s'est doublée d'une grave dépression. Quand il a repris son travail, on a mis Michel à un poste de paperasserie, puis, très vite, comme il tenait des propos insensés, on l'a catapulté en préretraite. Il s'est pendu trois jours plus tard. À son enterrement, plusieurs témoins ont vu un type tout propre, avec une boîte noire sous le bras.

Non, les enfants, il est malsain de jouer avec le travail. Ne sous-estimez pas les forces obscures et leur technologie. S'il existe un moyen de s'enrichir sur notre dos, ils le trouveront, soyez sûrs. »

Un silence déprimé suivit la fin de l'histoire. Nous pensions tous aux heures perdues qui auraient pu filer à l'ennemi et à l'obligation morale que nous avions maintenant de travailler davantage. Cette perspective fit crisser bien des mâchoires. L'instituteur, excédé par les regards lourds qu'on lui lançait de partout, fut le premier à exploser.

« Tu ne dis rien, oncle Abe ? s'adressa-t-il au coin sombre. Tu fais le mort ? T'as raison. Ah, il est beau, ton système qui pompe nos richesses, ah, tu peux être fier d'être à la solde de ces parasites ! »

On entendit une chaise tomber et l'oncle Abe fit un pas vers nous. Sa frêle silhouette tremblait comme un vieillard dans un courant d'air. Il serrait des poings moites le long de son corps, tels deux piliers, sa froide détermination s'avançait vers nous. Nous, les enfants, nous le regardions avec l'espoir secret d'une bagarre. Mais il ne frappa personne. Ses poings vinrent se croiser sur sa poitrine dans un geste d'une grande théâtralité.

Il nous attaqua de sa voix nasillarde, un peu hystérique. Pourquoi le laissa-t-on parler ? Allez savoir, personne ne se doutait des propos immondes qu'il allait nous servir.

« Votre arrogance est un monument, non, c'est un patrimoine », nous lança-t-il. « Votre chauvinisme indécrottable n'a d'égal que votre ignorance », et aussi : « Vous n'existez dans ce monde que comme des alter-*là-bas*. Que *là-bas* cesse d'exister, et vous vous effondrez, politiquement, culturellement et spirituellement parlant, comme une merde sans squelette. » Puis, voyant qu'on ne le contredisait pas – surpris que l'on était par la violence de ses propos –, il s'enhardit : « Vous êtes fondamentalement complexés, petits et complexés, le complexe d'infériorité est ce qui définit la politique de la France depuis la fin de la Seconde Guerre mondiale. » On l'écoutait toujours. Et lui : « Vous êtes des lâches profonds car vous savez bien que le sale boulot sur cette planète sera toujours fait par les soldats de *là-bas*, ce pays que vous conspuez, vilipendez, injuriez avec d'autant plus de zèle qu'à travers lui ce sont vos insuffisances qui vous sautent à la figure. » Et encore : « Que la Russie veuille bien retrouver son potentiel de nuisance, et vous ferez tous dans votre culotte en dentelle. Que la Turquie devienne radicale, comme hier la Serbie… que dis-je, la Turquie ? Chypre vous mettrait les foies, Malte vous écraserait car votre seule arme est l'hypocrisie diplomatique et la haute opinion morale que vous avez de vous-mêmes. » On se regardait, ne sachant comment réagir à ce barrage qui avait cédé, le flot de paroles paralysait nos esprits.

Et lui, il continuait à nous bombarder : « Je vous trouvais sympathiques, j'aimais votre génie franchouillard, votre humour me faisait rire, j'appréciais vos grivoiseries. Plus maintenant. Votre sympathie est du vent, de la gonflette, de la poudre aux yeux, vos insolences sont des pirouettes qui masquent une grossière absence de fond. Vous êtes dans le paraître, la dorure sur étron, la fioriture du vide, la rhétorique du creux. Pour vous, un diplôme aura toujours plus d'importance que les compétences, une explication compliquée sera toujours plus crédible qu'une explication simple, une biographie sera toujours plus intéressante qu'une œuvre. » Enfin, il dit : « Je pars », et il ajouta : « Définitivement. Je quitte le marécage, la province que vous êtes. »

Il transpirait comme un collabo.

Il nous tourna le dos et nous nous réveillâmes. Était-ce le sentiment de trahison qui nous chauffait ou simplement l'impétueuse nécessité de ne pas laisser le dernier mot à ce salopard ?

« Il a pété les plombs, déclara l'instituteur.

– Quelle bassesse, s'indigna la patronne.

– Devant des enfants, gémit mon père.

– C'est inconcevableS», bougonna oncle Guillaume, déçu de perdre ainsi son contradicteur attitré.

Curieusement, personne ne se précipita pour lui casser la figure. Il faut dire qu'il était déjà en train de sortir, nous privant ainsi du plaisir de le mettre dehors. Alors, avec une force toute calculée, le patron saisit une carafe vide et l'envoya à sa poursuite. Elle frôla son oreille droite et s'écrasa sur le trottoir. Il accéléra le pas. Ce fut notre seule consolation.

Quand il disparut au bout de l'avenue de la Résistance, le bistrot se mit à bouillir. Tous les mots durs de l'oncle Abe ressortirent sur le tapis, on aurait dit qu'ils s'étaient planqués exprès sous les tables pour venir nous tourmenter plus tard, en tête-à-tête. Le papier peint jaunâtre des murs les avait absorbés et nous les restituait maintenant, par petites doses, pour nous faire enrager encore plus. L'instituteur criait, la patronne beuglait, ça se chamaillait partout, et oncle Guillaume qui ne trouva rien de mieux que de s'endormir dans ce brouhaha, la tête gentiment posée au creux du coude, là où poussent les plaques d'allergie.

Voyant l'ambiance délétère, nous préférâmes partir, Wolf et moi. On connaissait un coin tranquille sur une de nos plages, à l'ombre d'un ancien bunker abandonné, gros prodige immobile puant la pisse de chat et le vomi des hommes. On s'installa sous sa protection à regarder les étoiles. Je caressai le vieux béton qui en avait vu d'autres. Sa casemate principale pointait toujours vers l'ouest.

« Tu sens comme elle pulse ? demandai-je à Wolf en y appuyant mon front. Je me demande ce qu'elle cherche à nous dire.

– Arrête, Jean-Ramsès, tu me fous les glandes », répondit ce benêt.

Sa myopie spirituelle créait entre nous un fossé infranchissable.

## Le piège de l'ordinateur

L'ambiance paraissait définitivement cassée avec le départ théâtral de l'oncle Abe. L'absence de contradiction entama la verve d'oncle Guillaume et tua le débat. On fut confronté à un grave passage à vide. Parfois il se taisait gauchement à mi-phrase et notre après-midi se transformait en une morne plaine de Poméranie. Il lui arrivait aussi de manquer d'originalité et de nous servir pour la dixième fois une histoire que l'on connaissait par cœur. On écoutait poliment, on posait des questions pour faire ceux qui s'intéressent, et l'on sortait du bistrot le ventre un peu lourd.

Comme toute nature artistique, il était conscient lui aussi du vertige.

« Je suis un peu fatigué, les enfant », admettait-il, le regard perdu dans les sables mouvants de son plat de lentilles.

Il mangeait lentement, le silence pesant roucoulait autour de nous et l'on se découvrait inquiets comme si on nous avait enlevé une carapace protectrice. Il fallait faire quelque chose.

Le déclic vint de mon père.

« À la prochaine histoire, on n'a qu'à faire semblant de ne pas le croire », suggéra-t-il.

L'idée semblait bonne, mais personne ne voulut jouer le rôle de l'oncle Abe.

« Je pense qu'il vaut mieux l'encourager plutôt que de le contredire, protesta le patron, fort de ses mauvaises expériences passées.

– Il faut tenter les deux, argumenta mon père.

– Moi, j'y vais pas, se bloqua le patron. J'ai une autre idée. Une surprise. »

Mais il ne voulut pas en dire davantage.

Alors mon père :

« Je propose que ce soient les enfants, Jean-Ramsès et Wolf. Oncle Guillaume ne pourra pas se fâcher sérieusement contre des enfants. »

Nous étions outrés, mais que pouvions-nous faire? Je maudis encore plus l'oncle Abe, ce brise-harmonie à qui l'on devait cette désagréable situation.

« Rappelez-vous, les enfants, n'en faites pas trop. De la délicatesse, du doigté », chuchotait mon père. Et moi je bouillais tout bas : « Ta délicatesse, tu peux éblouir où je pense, en l'occurrence sous le lave-linge, à la place du trésor des Templiers qui n'y sera plus. »

On tira à pile ou face avec Wolf pour le rôle du méchant. Je trichai habilement (un peu d'entraînement à la réception de la pièce suffit pour garantir l'immunité du sort), et mon camarade s'y colla.

Tout se passa comme prévu, oncle Guillaume trempa sa moustache et se lança sans grand entrain dans une histoire de sport (on fit la moue étudiée), des athlètes de *là-bas* qui gagnaient le quatre fois cent mètres systématiquement, à un point où l'on pouvait se demander s'ils n'étaient pas massivement dopés aux substances indétectables (on fit la moue étudiée).

« On la connaît, cette histoire, onc' Guillaume », fit soudain Wolf.

Question délicatesse, Wolf était le meilleur, et de loin ! L'assistance se figea.

Oncle Guillaume pivota sa moustache aguerrie.

« Ah oui ? » fit-il, et l'on vit la flamme de l'orgueil blessé briller entre les poils argentés. Il poursuivit en martelant les mots de façon désagréable :

« Tu connais tout, toi, Wolf le Connaisseur, alors que tu n'es pas plus gros qu'un crachat. Je suppose que tu connais aussi leur projet Alpha ?... Mais si, voyons, le projet Alpha. Celui de robot sportif, une machine couverte de plastique pour tricher aux Jeux... Un humanoïde, hein, avec visage et tout... Wolf? Tu es là ? Tu pourrais nous en dire davantage, non ?... Pourquoi tu te tais ? Un robot capable de descendre sous les 8" 30 au cent mètres. Indétectable au test d'urine car pissant une bouillie préparée à l'avance et contenue dans une poche intérieure. Son vocabulaire est limité à une centaine de mots, "droite", "gauche", "merci public", "au petit-déjeuner, je pars du bon pied avec Kellogg's Corn Flakes", on n'en demande pas plus à un athlète. Demandez à Wolf si j'invente. »

Thomas, l'ingénieur, regardait oncle Guillaume avec des yeux scintillants.

« Ce serait une réussite technologique extraordinaire, murmura-t-il.

– Bof, fit oncle Guillaume. Le cent mètres a l'avantage de se courir tout droit, avec des lignes blanches délimitant les couloirs et toutes sortes de repères visuels facilement détectables par une caméra placée dans la pseudo-rétine. Wolf le Connaisseur le sait bien, n'est-ce pas ?... Il saura aussi nous expliquer pourquoi le plastique recouvrant le robot est sombre, imitant ainsi à merveille le noir des Africains. »

Wolf ressemblait à du hachis écrasé mais les habitués étaient ravis. On retrouvait notre conteur au meilleur de sa forme. Thomas, l'ingénieur, faisait des calculs sur un coin de table.

« Tu ne dis rien, Wolf ? s'acharnait oncle Guillaume. T'as avalé ta langue ? Eh bien je vais t'aider. Sa couleur est sombre, tirant vers le marron foncé, car... car...

– Car cette couverture est la plus adaptée pour capter le maximum d'énergie par rayonnement et alimenter les milliers de cellules photoélectriques cachées en dessous », bondit Thomas.

Oncle Guillaume lui adressa un hochement satisfait.

« Je comprends pourquoi il y a autant de Noirs dans leurs équipes, siffla le docteur Soubise.

– Attention, ce n'est qu'un projet, tempéra oncle Guillaume. Ne me faites pas dire ce que je n'ai pas dit. Méfiez-vous des amalgames. »

Un tonnerre d'applaudissements salua autant son honnêteté que la verve retrouvée. Les gens se levaient, chacun voulait le toucher, lui dire un mot gentil. Alors le patron, voyant que l'on avait du mal à circuler à cause de l'enthousiasme, sentant aussi que le moment était venu de frapper un grand coup pour se débarrasser du spleen à jamais, se percha sur le zinc et déclara :

"S'il vous plaît, un peu de silence ! J'ai une annonce à vous faire. C'est un peu une surprise. Notre bistrot-restaurant que vous aimez tous et dont j'ai la chance et l'honneur d'être le patron…

– Le maître d'œuvre ! cria l'instituteur.

– Le dictateur ! pouffa la femme de ménage.

– Whao, whao, taisez-vous un peu, fit le patron. Je disais donc… nous allons changer de nom. Cette maison, qui n'est pas loin d'être trentenaire, s'appellera désormais… "Le coin de l'oncle

Guillaume." J'ai fait faire à mes frais une enseigne lumineuse que voici. »

Il tira de sous le zinc une grande boîte en plastique. Les lettres se détachaient en bleu fluo sur un fond crémeux.

Notre aimable moustachu se dressa, ému jusqu'aux oreilles. Le patron fit clignoter le grand néon, et le visage rubicond de l'oncle Guillaume se couvrit d'une buée de plaisir.

« Merci, dit-il sobrement.

– C'est à nous de te remercier », s'empressa le patron, et il n'avait pas tort, surtout du point de vue de la caisse.

Tout naturellement, il offrit la tournée.

Dans l'euphorie, personne ne pensait plus à l'oncle Abe, on aurait dit qu'il n'avait jamais existé. Disparus, évanouis, lui et ses mauvais fluides !

« On devrait faire venir le *Libéré*, suggéra l'instituteur. C'est un événement, tout de même, un nom de bistrot qui change. »

Le patron était plutôt d'accord, car toute publicité est bonne à prendre, mais l'oncle Guillaume fit son modeste. On pensa d'abord à une comédie de sa part, on tenta même de lui forcer la main, mais il resta inflexible comme le Pont-Neuf.

« Non, finit-il par se fâcher. Non, imbéciles. Écoutez-moi. Les journalistes ont leurs problèmes, il ne faut pas les embêter avec moi, ils ont suffisamment d'ennuis avec les infiltrations.

– Comment ? – Quelles infiltrations ? – Explique-toi. » Oncle Guillaume s'assit avec des airs de grand conspirateur.

« Laissez-moi vous raconter une histoire. Un gars de mes amis a fait les frais d'une nouvelle forme de sabotage.

Jean travaillait dans un grand journal par chez nous, le *Républicain*, peut-être, ou le *Courrier*, je ne me rappelle plus. Vous savez que les papiers sont maintenant toujours tapés sur ordinateur, corrigés par ordinateur, mis en page sur ordinateur, transmis à l'imprimerie par ordinateur, tout passe par l'ordinateur. Bientôt ce sera l'ordinateur qui les écrira, tout seul, en écriture automatique, à partir d'un câble pour dépêches AFP et d'une dizaine de mots clés en fonction de la teinte qu'on veut donner à l'article. J'exagère à peine. Bref, sans ordinateur, la création journalistique – voire littéraire – s'arrêterait net.

Alors mon ami Jean reçoit une commande pour un sujet brûlant : la prise de contrôle des réseaux informatiques par des logiciels délateurs venus de *là-bas*. On en a beaucoup parlé ici, entre nous, mais ce n'est pas un thème qui apparaît dans la presse, et pour cause.

Jean fait son enquête sur le terrain. Il interroge des anonymes informés, il monte son réseau d'indics zélés, il déterre les affaires enterrées. C'est du jamais vu, le sommet de sa carrière d'investigateur pigiste. Entre autres révélations, il dresse la liste des logiciels infiltrés, ceux qui sont construits avec des failles soigneusement cachées, programmées pour se déclencher à la réception d'un signal secret, ceux qui envoient en douce les données confidentielles – les numéros de carte bleue, de sécurité sociale, d'allocataire familial – vers des serveurs de *là-bas* où ces informations seront exploitées pour nous piéger, ceux qui attaquent en sourdine nos sites français pour les bloquer et faire reculer notre langue, ceux enfin qui espionnent tout ce que l'on tape au clavier et transmettent nos lettres, nos mémos, nos dossiers secrets à vous-savez-qui. Jean donne les noms, désigne les complices. Son texte est une bombe.

Tout se passe bien tant qu'il reste sur son calepin, à la main et au stylo. Mais dès qu'il commence à mettre au propre sur ordinateur, Jean s'aperçoit qu'il est confronté à d'étranges phénomènes. À peine a-t-il le temps de taper son premier paragraphe, au ton particulièrement acide, que la bête se bloque – plantage système –, il perd son texte, il est obligé de redémarrer. Heureusement, il a bonne mémoire et toujours son fameux calepin, son compagnon, pour ainsi dire, de la libération. Re-plantage. Et re, et re. Six fois de suite. Pas moyen d'avancer au-delà de quelques phrases. À la septième tentative, l'ordinateur se bloque définitivement en affichant l'écran bleu de la mort.

Il tente de réinstaller le système – dans le temps, il a été abonné à des revues informatiques, il a une vague idée de la manip. Le processus est fastidieux, il passe du temps à chercher les manuels adéquats, or les fameux manuels sont stockés sur ordinateur, qui est en panne, n'est-ce pas, autant dire qu'ils sont au fond de la mer, il n'a plus qu'à chercher une autre machine.

Il emprunte l'ordinateur d'une collègue, et devinez quoi ?... même schéma ! La machine n'obéit plus dès que Jean se fait un peu virulent. Il comprend alors qu'on veut l'empêcher de travailler. Son texte est trop compromettant pour l'industrie des ordinateurs – contrôlée par les intérêts financiers que l'on sait. Le système d'exploitation s'est allié au traitement de texte pour le paralyser. Il y a un système de censure automatique caché au cœur de la machine. C'est effrayant. Pire, c'est sans issue. Comment voulez-vous qu'il continue : sans ordinateur, pas de texte, pas d'article, pas de journal. Jean se retrouve dans la situation peu confortable de l'innocent qui vient porter plainte au commissariat de police pour s'apercevoir qu'il est tombé dans les mains de ceux-là mêmes qui veulent sa perte.

Au lieu d'insister – Jean a peur de casser une deuxième machine et de bloquer définitivement la rédaction –, il décide de modifier un peu la tonalité de son texte. L'ordinateur veut jouer au plus malin ?

Ha ! Il n'a pas les moyens intellectuels pour se mesurer à un Français ! La ruse est le propre de l'homme.

Jean change quelques noms, adoucit les adjectifs, procède par allusions plutôt que par accusations directes, il remplace les remarques sarcastiques par des jeux de mots candides, et miracle, ça passe, l'ordinateur ne détecte rien de suspect. "Ah ah, mon salaud, pense Jean, rira bien qui rira le dernier." Car il n'est pas question de s'agenouiller devant la censure.

Il continue son écriture bémolée, tout en créant un fichier parallèle où il rassemble les remarques virulentes, les noms réels, les dates clés, toutes les compromettances. Une fois sorties de leur contexte, n'est-ce pas, ces phrases ressemblent à du gentil babil abstrait. Cependant, il suffit de lire les deux fichiers en même temps pour reconstituer l'article original, sans complaisances.

Avec cette astuce, le travail avance rapidement et sans incident, il y a même une sorte de fille animée qui surgit à l'écran, avenante, avec tout ce qu'il faut où il faut, une beauté platine qui lui demande s'il a besoin d'aide sur une fonction quelconque du logiciel. "Je suis votre compagnon de traitement de texte, lui dit-elle. Votre muse." Non, il n'a pas besoin d'aide, il clique sur le carré pour la faire disparaître. En vain, la fille ne veut pas décamper, elle tourne en tâche de fond, elle s'incruste dès qu'il a une hésitation, pire, elle lui suggère des phrases. “Pourquoi ne mettriez-vous pas davantage d’adjectifs positifs ?” insiste-t-elle en se cambrant. Ou bien : “Votre expression *logiciel piégé* ou *truqué* est tendancieuse, dites plutôt *logiciel averti* ou *intelligent*, votre phrase sera plus équilibrée.” Et voilà qu’elle remplace de son propre chef les mots par d’autres, sans demander l’avis de Jean, dans tout son texte, instantanément !

“Quelle saloperie”, pense Jean. La machine a dû sentir qu’il y avait du poison dans le bonbec. Elle se doute bien que son article n’est pas si innocent qu’il en a l’air, alors elle essaie de le gêner. Il redouble de prudence. Mieux, il fait semblant d’accepter les changements, il maquille son texte tout en expatriant les clés de lecture vers un troisième fichier, déconnecté des deux autres. Jean passe à un niveau d’écriture plus subtil, il emploie l’euphémisme, il écrit entre les lignes avec des clins d’œil dans chaque phrase, ses révélations avancent masquées – tout en ne perdant rien de leur dangerosité. Et pour ne pas se faire distraire par la fille, il pense à des cadavres en putréfaction.

Tant bien que mal, l’article progresse – et quel article ! un Austerlitz. Il s’étend sur trois ordinateurs, avec trois noms d’utilisateur différents. Seule la réunion des trois fichiers permet de lire le texte tel qu’il a été conçu au départ. Jean les envoie à la collaboratrice chargée de mettre en page, il y joint un mode d'emploi clair et précis. Puis il fait un bras d'honneur à la fille qui se déshabille sur l'écran. “Dans le cul, la sardine, pense-t-il en jubilant. Et profond.” Il part en week-end le cœur léger.

Lundi cependant, une mauvaise, une très mauvaise surprise l'attend en ouvrant le journal. Seul le premier fichier a été publié. Sans remarques acides, sans clés de lecture, cela donne des phrases comme “les logiciels de *là-bas* sont les meilleurs du monde car ils permettent l'expression de la créativité de chacun”, ce qui n'était absolument pas le propos, ou bien “le traitement de texte permet d'ordonner ses idées facilement, grâce à la technique révolutionnaire du couper-coller”, phrase dont l'innocuité le révulse.

Il appelle la collaboratrice :

“Tu te fous de moi ! C'est une catastrophe ! Le propos est entièrement déformé !”

Et l'autre : “C'est ton texte, oui ou non ?”

Alors Jean : “Oui mais il y avait deux autres fichiers.”

Et l'autre : “Non, il y avait juste ton texte qui m'a semblé complet car il y avait une introduction, un développement et une conclusion, et deux fichiers vérolés. L'antivirus m'a conseillé de les détruire. Ce que j'ai fait.”

L'antivirus !

La collaboratrice continue :

“Je ne vois pas pourquoi tu t'es compliqué la vie à partager en trois alors qu'un seul fichier aurait suffi. C'est stupide et contre-productif. Et ne me sors pas ta rengaine : la théorie du complot a bon dos. Cela dit, tu te fais du mauvais sang pour rien, on a tous aimé ton article."

Ainsi ils n'avaient rien compris. Non seulement la machine l'avait odieusement manipulé, mais l'esprit même de ceux à qui son article avait été adressé restait imperméable à la vérité, incroyable, vicieuse, sournoise vérité qu'il avait été le seul à décrypter, énorme évidence, trop monstrueuse toutefois pour pénétrer dans l'étroit conduit des neurones ordinaires.

Jean est cerné. Son article a beau susciter des éloges appuyés de sa direction, il sait bien, lui, que sa teneur devrait être diamétralement opposée, qu'il faut lire "noir" là où il y a écrit "blanc", qu'on a besoin d'un effort d'imagination pour vadrouiller entre les lignes et y déceler les messages secrets qu'il a planqués.

Le pire, c'est qu'il ne peut même pas dénoncer le scandale car le moindre de ses articles sera aussitôt corrigé par l'ordinateur, ses idées seront travesties, il sera récupéré par cette puissance occulte qu'il veut combattre. À moins de prêcher oralement, revenir à la langue parlée, négliger l'écrit pour mener la campagne avec des bouts de ficelle rustiques datant d'une autre époque.

A-t-il le choix ? Courageusement, Jean quitte son métier de journaliste, change d'identité en prenant le nom de sa mère et devient enseignant intérimaire en informatique et gestion, filière STT. Il travaille au lycée Jacques-Prévert. Il se voit un peu comme un maquisard. Quand il en a l'occasion, il explique aux élèves les terribles chausse-trapes des logiciels, les pièges de l'Internet. Jamais il ne les interroge par écrit, sur traitement de texte. Il fait tout pour les inciter à se servir d'un papier et d'un crayon.

Alors vous voyez bien que les journalistes ont leurs chats à fouetter. Je préfère – et de loin – qu'ils passent plus de temps à naviguer entre les récifs des forces invisibles qui déforment leurs propos qu'à écrire un laudatif sur notre bon vieux bistrot. »

Oncle Guillaume se tut et l'on resta quelque temps silencieux à méditer l'aventure.

« Ah, ben je comprends mieux la tonalité de certains papiers, dit finalement l'instituteur.

– Comment qu'ils te manipulent l'information, se lamenta le facteur. Ils s'incrustent comme des tiques et tu ne les sens pas pendant qu'ils t'influencent. »

La conversation s'anima. Quelqu'un lança une comparaison avec la télévision, puis on dériva vers un classement des médias en « médias de la liberté » et « médias corrompus », cette seconde catégorie étant, de l'avis de tous, la plus largement représentée.

« On dit la télé, mais la télé est pourrie par des émissions venues clés en main de *là-bas*, gesticulait le docteur Soubise.

– La télé-poubelle a été inventée pour nous décerveler afin de mieux nous opprimer, confirma doctement l'instituteur.

– Ces émissions me dégoûtent, ouh là », disait la femme du patron avec une verve qu'on ne lui connaissait pas.

Avec Wolf, on ne voyait pas trop d'intérêt à cette discussion, alors on décida de se sauver en douce. On prétexta une urgence et dix minutes plus tard on se trouvait dehors.

« Combien de temps tu crois qu'on a ? » demanda Wolf.

Je tendis l'oreille. À l'intérieur, la conversation prenait de l'ampleur, comme c'est toujours le cas quand on parle télévision, car c'est bien une chose que l'on a tous en commun, plus même que les gènes.

« Une heure, facile », dis-je.

On se regarda.

« On y va », commandai-je.

Dans ma poche – le reste du lave-linge, une somme rondelette pour mes moyens de l'époque, de quoi nous faire du bien à la Ve République, et pas question d'en choisir une bon marché, à vouloir toujours économiser on rate sa vie, j'avais déjà compris ce principe à treize ans. Non, ce que je voulais, c'était une de mon âge, de celles qui allaient en classe avec moi, comme la Stéphanie de Wolf, mais madame Saint-Ange n'en fournissait pas, ou alors si, mais sous le manteau, par le bouche à oreille, comme on vend des appartements haut de gamme.

Je me rabattis sur la trentaine faisant jeune. Dans un geste de solidarité sociale, je payai la part de Wolf – son milieu défavorisé lui interdisant des escapades de ce genre –, et nous montâmes au troisième, dans le boudoir galant, où nous attendait une bouteille de mousseux.

« Quel décor, disait Wolf à travers les bulles. Dommage que j'ai pas d'appareil photo. »

Comme il voulait immortaliser l'instant quand même, il prit un feutre qui traînait par là, baissa son froc, sortit l'érection et traça dessus, en lettres capitales : PLUG-IN.

« C'est une extension qui accroît le potentiel du système », expliqua-t-il en la secouant comme un encensoir.

Moi, je ne voyais que les quatre premières lettres, le « IN » étant escamoté par le chanfrein du gland.

« Très bien, *Plug* », dis-je.

On se sépara, chacun pour soi, dans deux cabines où nous attendaient nos promises.

Puis l'on se mit à étreindre l'éternité en poussant des petits cris indécents.

Comme on sortait par le couloir dérobé, fatigués et heureux, on vit un canapé rose où traînait un imperméable.

« Attends, attends, dit Wolf, ce serait-y pas l'imperméable d'oncle Guillaume ?

– Impossible, dis-je, onc' Guillaume est au bistrot. Il n'a pas pu venir aussi vite, et franchement, je le vois mal chez madame Saint-Ange. »

Cependant j'avais comme une impression de déjà-vu.

On s'approcha plus près, Wolf caressa le tissu rugueux, la doublure à carreaux...

« T'es fou ! chuchotai-je. Toucher les affaires des clients, on risque de nous mettre à la porte pour longtemps.

– Bah, de toute façon, il ne te reste plus rien comme argent », remarqua Wolf, philosophe, en glissant sa main dans la poche intérieure.

Il nous sortit un téléphone de poche en plastique rayé, imitation acier.

« Remets ça immédiatement, ordonnai-je.

– Trop beau », dit simplement Wolf.

Il fit jouer le couvercle, le petit écran s'alluma, et l'on vit apparaître une image de pin-up *Titter*.

« Oncle Abe, s'écria-t-on. Il est ici ! »

Une rage fraternelle nous envahit. Le salopard ! Au lieu de se lamenter dans un coin sur son échec dans notre société, il se payait du bon temps ! Dégoûté, Wolf swingua le téléphone contre le tapis :

« Quand il s'agit de sauter nos femelles, il ne se prive pas, on dirait ! Et il ose ouvrir sa grande petite gueule pour calomnier notre pays ! »

Cette réflexion résumait parfaitement nos sentiments. Je dis :

« Il a dû laisser sa bagnole pas loin.

– Compris », fit Wolf.

Je cueillis le téléphone blessé, Wolf cracha dans l'imperméable et l'on se dépêcha de sortir.

En cherchant sur le parking, on trouva en effet la Mégane azur de l'oncle Abe, tranquillement garée, comme une verrue bleue.

« Passe-moi ton Laguiole, dit Wolf.

– T'es fou, un clou c'est largement suffisant », répondis-je en lui tendant un truc rouillé que je ramassai dans le caniveau.

Wolf fit tout un côté en appuyant comme un dingue, puis on décampa car la sirène se mit à hurler.

Le soir, je trouvai les restes du téléphone dans ma poche. J'hésitai à les jeter et je m'endormis en réfléchissant à ce plan qui m'était apparu, un moyen radical de résoudre tous mes problèmes, tandis que, dans la chambre à côté, papa et maman faisaient croasser le matelas.

## Hemingway

La première phase de mon plan consistait à faire venir oncle Abe chez nous. Ce fut facile à réaliser pour quiconque se souvenait de la rallonge.

« Quelle rallonge ? fit oncle Abe d'une voix fatiguée.

– La tondeuse, expliquai-je. Tu as rendu la tondeuse sans la rallonge, oh je suis sûr que tu ne l'as pas fait exprès, ce n'est pas que c'est particulièrement rare, une rallonge, mais bon, ça fait désordre, une tondeuse sans rallonge.

– Ah oui, la rallonge. »

Sa voix montrait une lassitude de condamné.

« Je passerai la rapporter dans l'après-midi.

– Nickel chrome, dis-je. Surtout ne sois pas en retard. »

Car j'avais toute une mise en scène à organiser après son départ.

Il vint à l'heure convenue, me tendit la rallonge comme si c'était une corde à laquelle j'allais le pendre – ce qui était le cas, mais il n'avait aucun moyen de le savoir – et s'en alla sans périphrases.

« Je pars dans une semaine », daigna-t-il meubler notre silence.

« On ne te regrettera pas », pensai-je dans son dos.

Je laissai la rallonge à la cuisine, bien en évidence, à un endroit où aucun familier ne laisserait de rallonge, faisant croire que l'oncle Abe s'était baladé de son propre chef dans la maison. Puis j'allai dans la buanderie, j'organisai un désordre calculé parmi les paniers, en faisant attention à déplacer le lave-linge de quinze bons centimètres. Pour parfaire le travail, je sortis le sac *Huit-à-huit* désormais vide et j'y laissai tomber le téléphone portable. Sherlock Holmes lui-même en aurait enchaîné sur de fort mauvaises déductions.

À aucun moment le remords ne vint m'ennuyer. J'avais certes conscience de faire un sale coup dans l'absolu, mais je ne voyais de vilaines conséquences pour personne. Pour moi, ce n'était que du positif, puisque je dirigeais les foudres de mon père sur un paratonnerre éloigné de ma tête. Mon père aussi ne s'en porterait que mieux : il aurait une explication quant à la disparition soudaine de ses économies, tout en ayant la satisfaction de savoir son fils hors du coup, ce qui était primordial pour un chef de clan comme lui. Oncle Abe, bah, que vouliez-vous qu'il lui arrivât ? Il partirait de toute façon avant une semaine, à des milliers de kilomètres, pour un pays d'où les expatriés ne revenaient pour ainsi dire jamais. Il n'y aurait pas de séquelles.

En cogitant de la sorte, j'arrivai en retard au bistrot. Wolf me fit une petite place que je dédaignai pour me faufiler à la droite de mon père. Il ne m'adressa même pas un regard : ses oreilles étaient déjà prises.

« ... à l'époque, ouh là, ça nous rajeunit pas, racontait oncle Guillaume, le col de la Vachette n'avait même pas encore été sérieusement asphalté, il y avait de ces crevasses, larges comme ma main, un vrai piège pour les gars qui n'étaient pas du pays. En ce temps-là, donc, Roger a déniché une photo de Hemingway qu'il a posée sur sa table de travail. Il me donnera de l'inspiration, qu'il a pensé. À l'époque, Roger était jeune, il ne doutait de rien, il en était à son deuxième roman. Le monde lui semblait plat et accessible, même aux handicapés. Il avait tellement aimé *Le Vieil Homme et la mer*. Tu l'as lu, Jean-Ramsès ? »

Je sursautai. Si je m'attendais à ce qu'il m'interpellât, moi, l'adolescent insignifiant ! Je louai le ciel de m'être dépêché. Cette pensée fit place aussitôt à une désagréable impression de vide, car je n'avais pas grand-chose à dire sur Hemingway.

« Oui, répondis-je. En classe. »

L'instituteur me caressa d'un œil satisfait :

« Bravo, mon garçon. C'est ce que je dis toujours : nous ne sommes pas des ongulés, nous, on étudie aussi bien des auteurs de *là-bas* que les nôtres, ouverture d'esprit oblige. C'est ce qui caractérise l'enseignement français, alors qu'eux ! Ces incultes ne savent même pas où se trouve notre île, qu'ils confondent avec les Açores ou les îles anglo-normandes, quand ce n'est pas Zanzibar. »

Des petits rires entendus se consumèrent un peu partout. Oncle Guillaume attendit patiemment que le calme revînt.

« Alors Jean-Ramsès, peux-tu nous dire de quoi parle ce livre ? »

– De la mer », répondis-je sans chercher midi à quatorze heures. Puis, sentant que ma réponse n'était pas suffisante, j'ajoutai :

« Et de la vieillesse, bien entendu. »

Quelque silence plus loin, je développai ma pensée :

« Plus précisément, du rapport de la vieillesse et de la mer. »

Puis, me vint :

« De la destinée humaine vue par le prisme de la mer. »

Enfin je m'entendis murmurer :

« De la confrontation de l'homme – le vieil homme – à la nature – la mer. »

Mon père semblait très fier de moi et l'instituteur m'adressa quelques regards protecteurs. Mais oncle Guillaume dit sévèrement :

« Ah les enfants, les enfants ! Vous ne voyez pas au-delà du titre. Pas étonnant que les esprits malins vous bernent comme des petits doigts ! Apprenez à disséquer les apparences ! Pendant que vous survolez la lecture, le poisson entraîne la barque de Santiago à des endroits où il n'aurait jamais mis les pieds. Vous vous extasiez sur les paysages marins, le poisson ferré, lui, dirige l'homme en sous-mer, et même quand il n'a plus de forces, ce sont d'autres poissons – des requins – qui viennent contrarier la course de l'homme. D'un autre côté, que serait devenue la vie du pêcheur, visiblement défavorisé socialement et culturellement, s'il n'y avait eu ce poisson providentiel ? Songez-y. Qui dirige l'autre ? Pour aller où ? – le livre pose des questions qui sont comme un jeu de miroir avec la vie réelle. Dites-le à vos profs de français.

– Oui », fis-je humblement.

La moustache grise se calma. Le patron apporta ma grenadine. Oncle Guillaume pataugea dans une mousse de bière, tandis que le sens de ses paroles, accompagné de liquide tiède et sucré, descendait jusqu'à ma conscience. La mer était ce bistrot où nous venions chaque jour telle une barque vide de pêcheur, et que nous quittions le soir, la tête remplie d'histoires magnifiques. Santiago, c'était l'oncle Guillaume, évidemment, et pas uniquement à cause de ses cheveux blancs. Je songeai à leurs disputes avec l'oncle Abe, clairement le poisson dans cette histoire, un poisson fort, rusé, à l'aise dans sa peau de poisson, mais un poisson condamné, à plus ou moins long terme, car tel était le sens du récit.

« Reprenons, si vous le voulez bien, dit notre vieil homme. Roger a fait encadrer la photo de Hemingway et l'a exposée sur sa table de travail comme on pose dans les bureaux les portraits bucoliques des enfants. Le soir, on voyait Roger penché sur son manuscrit, écrivant dur, raturant, recommençant, ses feuillets éparpillés comme des cheveux en pétard. Sur la photo, Hemingway écrivait lui aussi, penché sur une table de campagne, barbe et lunettes en vrille, sans un regard pour Roger, quelque part au Kenya. Ainsi avançait la littérature, sous le patronage d'un des plus célèbres auteurs de l'humanité.

Cependant mon jeune écrivain ne manquait pas de lire les critiques qui se publiaient à droite et à gauche, satisfaisant sa curiosité naturelle, et guettant les réactions à son premier roman, publié peu de temps auparavant. Dans cette masse d'articles, une caractéristique l'a frappé d'emblée : la place tout à fait excessive réservée aux romans venus de *là-bas*. Que ce soit dans *Elle* ou dans *L'Express*, on aurait dit que le fait même d'être né à six mille kilomètres donnait le droit à des égards particuliers.

"Ce que j'écris est au moins aussi bien, se disait Roger, mais il y a là un effet de mode manifeste. J'ai un article quand les autres en ont dix. Il n'y a pas de prophète en son pays.

– Si tu publiais plus souvent, tu aurais plus d'articles", lui a répondu sa femme, avec ce sens pratique qui la caractérisait.

"Regarde Hemingway, ajoutait-elle. Prends exemple."

Roger n'était pas un tire-au-flanc. Il a accéléré les cadences. Beaucoup, beaucoup d'heures de loisirs ont été sacrifiés sur l'autel de la littérature.

Plusieurs années passent. L'écrivain n'est plus aussi jeune et fringant. Des crèmes amincissantes traînent leurs tubes dans la salle de bains. La photo de Hemingway a jauni. Maintenant Roger a trouvé son rythme de croisière. Il publie un livre tous les deux ou trois ans. Des centaines de coupures de presse s'entassent dans des boîtes en plastique et encombrent le garage. Dans ces boîtes, il faut se rendre à l'évidence, il n'y a que très peu d'articles sur lui. En revanche, les écrivains de *là-bas* ont gagné en puissance. Plus Roger sortait de livres, plus ces chacals avaient de retombées, on pourrait presque faire une relation de causalité, ce que ne manque pas de remarquer Jean-Marcel, un ami de faculté.

"On peut construire un calcul, propose-t-il pendant qu'ils prennent l'apéro. Comme tu as conservé tous les articles pendant plusieurs années d'affilée, nous avons une base d'analyse fiable. On fera un classement en articles favorables, défavorables et neutres."

Roger est moyennement chaud, pressentant sans doute qu'il n'en tirerait rien de bon pour son amour-propre, mais Jean-Marcel insiste, ça l'amuse de trier des centaines d'articles, bref, après un mois de travail, ils ont la confirmation mathématique du désastre, énoncé de la manière suivante : plus Roger écrivait rapidement, donc plus il fournissait d'effort créatif, meilleures étaient les critiques pour les écrivains de *là-bas*. Tout se passait comme si une pompe invisible siphonnait les éloges que méritait Roger pour les déverser sur les parasites.

"Et ce n'est pas tout, déclare triomphalement Jean-Marcel. Si l'on se fie aux résumés des livres, on constate qu'ils copient massivement sur toi en choisissant les mêmes thèmes."

D'abord Roger croit à une coïncidence. Mais Jean-Marcel, armé de sa science, lui démontre qu'elle a bon dos, la coïncidence ! Dès son deuxième roman, où Roger nouait un dialogue avec son père disparu, on a observé dans la production littéraire de *là-bas* un pic de livres dédiés à la paternité.

Ensuite, au fil des romans, les similitudes n'ont fait que crier davantage. Que Roger planche sur un peuple opprimé – thème de ses troisième et cinquième romans – et voici que les autres écrivent au même moment sur les mêmes peuples opprimés. Roger fait de l'autofiction ? Bang ! les autres font pareil. Veut-il tenter un roman historique ? Il est aussitôt imité par les tâcherons qui en sortent vingt au même moment. C'est une malédiction.

"Non, dit doctement Jean-Marcel. C'est une résonance probabiliste.

– Tu es dans l'air du temps, mon chéri, dit sa femme avec son bon sens habituel. Tu vibres aux mêmes accords que la planète."

C'est joliment formulé mais très insatisfaisant pour Roger qui a toujours placé l'originalité, ou du moins une certaine forme d'originalité, en tête de ses préoccupations esthétiques. Au fond de son honnêteté, il admet pourtant qu'il n'y aurait rien de grave à ne pas être original s'il avait lui aussi une part des louanges. Mais c'est loin d'être le cas, les rares articles qu'il se paye sont terriblement convenus. Les critiques gardent leurs superlatifs pour les chimères venues d'outre-Atlantique, sans même remarquer que tout a été inventé chez nous. À les lire, ce serait plutôt Roger qui passerait pour un suiveur. Un comble !

"Quelle toxine ! s'écrie-t-il. Venir nous voler nos idées et nos droits d'auteur : comme c'est lâche, comme c'est indigne d'un grand pays !"

Cependant, il ne sombre ni dans l'aigreur ni dans le fatalisme.

Avant tout, démasquer le coupable. Car il y a forcément un espion dans son cercle restreint, un traître qui a infiltré son intimité depuis des années et qui télégraphie ses renseignements à l'ennemi.

Oncle Guillaume fit une pause pour commander une spéciale lardons, la femme du patron s'activa en cuisine et bientôt une bonne et dense odeur de lentilles triompha aux papilles.

J'en profitai pour glisser à mon père :

« Papa, oncle Abe est venu à la maison aujourd'hui. »

Il n'en revenait pas. J'expliquai :

« Il a appelé, insisté, genre il faut que je vienne, genre c'est indispensable, et plus je disais que tu n'étais pas là, plus il mettait le pied dans la porte. Il a parlé d'une rallonge.

– Quelle rallonge ? s'étonna mon père.

– Une rallonge, quoi, celle de la tondeuse.

– Et tu l'as laissé entrer ?

– Une rallonge est une rallonge », dis-je avec une conviction inébranlable.

Alors que bien des années ont passé, je m'étonne de cette facilité que j'avais de mentir aussi proprement, dans les yeux, sans jamais douter. Ah, si seulement j'avais cultivé ce don comme les petits virtuoses travaillent leur archet au lieu de me contenter de suivre la pente de mes talents naturels !

« Il a demandé d'aller à la buanderie, poursuivis-je. Pour un truc qu'il devait te laisser, à ce qu'il m'a dit. Ensuite je l'ai entendu qui faisait un boucan comme s'il déménageait, et je l'ai vu sortir par la porte dérobée, sans au revoir ni rien. »

Mon père changeait de visage.

« Oh le chié, le chié ! »

Il partit comme un jet.

Au passage, il heurta la table de l'oncle Guillaume et le plat de lentilles trembla sur ses bases.

« Bah où il va comme ça ? s'écria le facteur.

– Ça ne l'intéresse pas beaucoup, mon histoire », soupira oncle Guillaume.

Il se mit à bouder.

« Allons, onc' Guillaume, s'empressa-t-on, tu ne vas pas devenir grognon, dis ? Tu sais bien que Pierre-Loup est un peu sur les nerfs en ce moment, tout ça. »

Pendant que les habitués sortaient la pommade, je me laissai couler sur ma chaise avec un certain sentiment de supériorité. Rien ne me résistait : je me voyais en train de tirer les fils du cosmos pendant que les petites gens couraient à leurs petites besognes. Un mensonge de mon orteil eût suffi pour que le monde se précipitât dans quelque gouffre de mon invention.

« Tu rêves, Jean-Ramsès ? m'interrompit la voix de l'oncle Guillaume. Fais gaffe, gamin, il faut que tu sois deux fois plus attentif que d'habitude si tu veux raconter la suite à ton papa. Ressaisis-toi. »

Il avala les dernières lentilles et poursuivit.

« Je disais donc que Roger a des soupçons. Il se met à son énième livre. Il écrit, il a les sens en alerte et les mains qui tremblent.

Un soir qu'il est en train de boucler un chapitre difficile, il a enfin la preuve. Un truc de fou. Son copain de toujours, Hemingway, a bougé sur la photo, juste un frémissement, un froncement de sourcils à peine perceptible mais significatif. Roger écrit encore un peu, ou plutôt il fait mine d'écrire, et hop ! il lève brusquement la tête : il surprend alors le regard avide du grand homme, qui se baisse aussitôt, tout confus, comme un cancre qui se fait prendre par le professeur.

Hemingway ! Voilà le traître ! La cinquième colonne s'était faufilée directement sur sa table de travail, depuis toutes ces années. Satané Hemingway, dont on ne sait plus trop quoi penser : d'un côté, c'est un des plus grands écrivains du monde, de l'autre il passe son temps à espionner Roger, par photo interposée. Il transmet les secrets de fabrication, les idées, peut-être des phrases toutes faites, aux écrivains de *là-bas*, par une sorte de réflexe de solidarité nationale. »

Il y eut un flottement.

« Mais, onc' Guillaume, ce n'est qu'une photo, protesta faiblement le facteur.

– Hemingway s'est suicidé il y a longtemps, ajouta l'instituteur, fier d'étaler sa culture. Tu crois que l'on peut, comme ça, d'outre-tombe…

– Peu importe, s'agaça oncle Guillaume. Le processus concret de pompage n'est pas ce qui préoccupe Roger. Il n'a pas l'esprit scientifique – n'est pas Jean-Marcel qui veut. Peut-être assiste-t-on à une forme de télépathie. Peut-être existe-t-il un lien invisible entre toutes les photos de Hemingway, un fil qui autorise ces transferts, un tunnel paratemporel ou Dieu sait quoi, un peu comme le réseau Échelon, toujours est-il que les photos de Hemingway, ce n'est pas ce qui manque, et je ne pense pas que ce soit dû au hasard. Réfléchissez-y, vous qui croyez tout savoir. Un jour on finira par percer ce mystère, comme on a percé de nombreuses lois de la physique qui semblaient délirantes. Regardez les ondes hertziennes, elles sont invisibles et pourtant on reçoit bien la radio et toutes sortes de bruits… suivez mon regard. »

Venant de nulle part, comme la voix du Seigneur, un téléphone de poche s'était mis à jouer la *Valse brune*. Oncle Guillaume eut un geste de triomphe : qu'est-ce que je vous disais ? Chacun se précipita vers sa poche à téléphone croyant que c'était le sien. Enfin, le chauffeur de taxi sortit l'engin hurlant, il le tripota de longs instants avant de tomber sur l'interrupteur.

« Excusez-moi », dit-il platement.

Comme on méditait sur les lois impalpables, le chef d'entreprise dit :

« J'avais un salarié qui recevait France Inter directement dans sa tête, tous les matins, entre sept et huit heures. Personne ne le croyait, évidemment ! Il l'entendait en bruit de fond, mélangé à ses pensées. À la fin il s'y est habitué. »

Oncle Guillaume grommela quelque chose pour couper court au récit concurrent. Puis, voyant que l'agitation ne cessait pas, il fit semblant de mettre son imperméable. Le calme revint instantanément.

« À la bonne heure, dit-il. Parce que je n'ai pas que ça à faire. Si je reste parmi vous, c'est que je le veux bien, par gentillesse – je m'excuse d'avoir à le préciser – et par devoir. Pour que les jeunes oreilles ici présentes en prennent de la graine. Les enfants sont notre avenir, à nous, les vieilles peaux, et je parle sans coquetterie.

Bien. Je termine. Ébranlé et déçu par la trahison de Hemingway, Roger élabore un plan de combat pour les jours à venir. C'est une envie de revanche qui le pousse – et Dieu sait que ce sentiment est puissant. Pensez, il tient une occasion unique de rendre à la littérature de *là-bas* la monnaie de sa pièce. Il va utiliser Hemingway comme un agent double.

Il ouvre le dictionnaire au hasard et pioche quelques mots : ce sera *Luxembourg*, *ostéoporose*, *tamtam*. Il n'y a aucune logique, c'est même parfaitement dénué de sens, et c'est le but. Son prochain livre consistera à broder de vaseux festons autour de ces trois thèmes.

Il fait semblant de s'appliquer, parfois il pique de fausses crises d'écrivain en manque d'inspiration, il a l'air de souffrir comme un vrai créatif travaillé par la précarité de son œuvre, tout en étudiant en douce le comportement de Hemingway. C'est difficile et jouissif en même temps. Car l'autre, ne se doutant pas du piège, recopie studieusement les inepties de Roger.

Quand il termine, il tape le mot « fin », bien en évidence, seul au milieu d'une page, pour que le voleur en prenne note, puis il porte le manuscrit à son éditeur et part en vacances faire de la plongée dans le sud de l'île.

Vient septembre. Roger rentre chez lui, bronzé, reposé, l'œil espiègle. Son manuscrit l'attend dans la boîte aux lettres. Il a été renvoyé par l'éditeur. Un mot sec comme une fiche de paie lui enjoint de ne plus écrire, jamais, et de mettre le charabia à la poubelle.

“Salaud, pense Roger. Si mes romans précédents avaient eu un minimum de retombées presse, il m’aurait valsé un autre air.”

Seule consolation, la littérature de *là-bas* a du souci à se faire. Minée, elle est, la littérature de *là-bas*, par le sous-marin qu’il lui a envoyé ! On n’ira pas la plaindre, n’est-ce pas ? Elle n’avait qu’à pas ferrer Roger – le poisson dans cette affaire – et le suivre aveuglement pendant toutes ces années.

Roger le joker rit du mauvais tour qu’il a joué, ha ! ha ! ha ! il se précipite sur les journaux meurtriers, remplis d’articles assassins, il veut lire les lignes sournoises qui s’enfoncent sous les ongles. Ce n’est pas très élégant, mais que voulez-vous ? Roger n’est pas un superhéros. Le malheur des uns atténue le malheur des autres, on peut même dire qu’un surplus de malheur n’est pas fondamentalement nuisible à la société, il est comme du cyanure à trop forte dose, il n’agit plus.

Roger ouvre le journal et que voit-il ?... Que rien n’a changé ! Toujours les mêmes articles exaltés, toujours le même festival de superlatifs, on encense, on se pâme. Et devant quoi ? Devant des écrits de *là-bas*, leurs thèmes merveilleux, ses thèmes à lui ! Il reconnaît le Luxembourg, l’ostéoporose, le tamtam, sauf que les mots employés n’ont rien à voir avec ceux de son éditeur. Le Luxembourg ? – comme c’est novateur ! à contrepied de la mode ! incroyable ! L’ostéoporose ?

– comme c'est osé ! un thème rare, difficile, humain ! Tamtam ? – mais où vont-ils chercher tout ça, quelle prodigieuse absence de complexes !

Depuis, Roger n'écrit plus. La connivence des critiques a eu raison de l'artiste. Voilà comment la France perd ses écrivains. Une bien triste histoire en vérité. »

Oncle Guillaume prit son imperméable et se leva brusquement. On eut à peine le temps de réaliser qu'il faisait déjà sonner la clochette de la porte d'entrée et disparaissait dans le brouillard du soir. On resta épinglés au bistrot comme des papillons sonnés.

Le facteur fut le premier à parler.

« Waouh, on l'a vexé ou quoi ?

– Il est fantasque », soupira l'instituteur.

Le patron faisait de gros yeux à sa femme : « Partir comme ça ! Michelle, ils datent de quand, tes lardons ? T'aurais pas un peu forcé la date limite ? »

Nous étions désemparés comme Cendrillon à l'heure du crime. Chacun se trouva des prétextes pour rentrer au plus vite. Sur le pas de la porte, l'instituteur déclara :

« Si ça dépendait de moi, je sucrerais Hemingway des programmes scolaires. »

Personne ne l'écouta vraiment.

Nous quittâmes le bistrot en dernier. Au moment de se dire au revoir, un bien morne salut pour des lendemains qui s'annonçaient menaçants, Wolf se pencha vers moi en pointant du doigt l'entrejambe :

« Le feutre.

– Ben quoi, le feutre, demandai-je.

– Il est indélébile ! »

Nous partîmes d'un fou rire qui roula plusieurs heures.

## Le manuel d'histoire

« Alors, les enfants, c'est la fin de l'année scolaire ? Le livret a été correct ? »

On se regarda avec Wolf, on était un peu gênés. Wolf, qui n'avait jamais eu de bonnes notes, se figea comme s'il passait une visite médicale et répondit en faisant vibrer une voix gutturale que je ne lui connaissais pas :

« Oui, onc' Guillaume, ne vous inquiétez pas. »

Il y avait quelque chose de pathétique à voir un grand gaillard comme Wolf, musclé à la grosse louche, une tête de plus que moi et des petits poils blonds déjà éclos au coin des lèvres, se tenir ainsi, au garde-à-vous protocolaire, portant haut son désir de plaire à l'autorité.

Oncle Guillaume accepta la déférence avec sa bonhomie naturelle :

« Allons, je ne vais pas te gronder, je sais que tu fais des efforts. Et toi, Jean-Ramsès ?

– Aucun souci, onc' Guillaume. En français, je suis le premier de ma classe. »

J'avais des facilités incontestables, surtout à l'oral, où l'essentiel n'est jamais le fond mais la faculté de plaire. Quand je faisais des bêtises et que je me faisais prendre, ces bonnes dispositions me permettaient de passer aisément le cap des parents en colère : un bon carnet scolaire agit comme une cape d'invisibilité.

« C'est bien, fiston, très bien, ton papa sera content et il a mérité de l'être. »

Sa moustache se dilata en un long sourire bienveillant. Puis il me demanda :

« On ne le voit pas beaucoup, Pierre-Loup, ces temps-ci. Il n'est pas souffrant, au moins ? »

Pour mon père, je ne savais pas trop quoi penser. Quelques jours s'étaient écoulés depuis la découverte du vol, papa était soucieux, il ne parlait pas beaucoup à table. Quand il avait fini de manger, il filait droit vers sa voiture et partait travailler, pour ne rentrer que tard le soir, bien après la fermeture du bistrot. Je l'entendais alors qui parlait avec ma mère, leurs voix se mélangeaient dans leur chambre au-dessus de la buanderie éventrée. Il m'était impossible toutefois de distinguer le propos.

Oncle Guillaume eut l'air de partager mes interrogations car il me regarda avec une grande tendresse. Pui il s'ébroua :

« En cette fin d'année scolaire, le temps est venu de vous raconter l'histoire qui est arrivée à Julie P., de La Varenne-les-Flots. »

Les conversations cessèrent aussitôt et l'on se précipita sur les chaises. Une zone de silence, palpable et jouissive comme peuvent l'être les coins privilégiés des sanatoriums, se créa autour de notre conteur. Un losange de soleil se pencha par la vitre et s'étala respectueusement à nos pieds.

« Ah, Julie ! commença oncle Guillaume. Une boule de volonté, un concentré de tomate, bosseuse comme un dictateur, c'est à se demander comment elle a fait pour s'enterrer dans ce trou qu'est La Varenne-les-Flots. Les aléas de la vie de famille expliquent beaucoup de choses. Un mari exploitant agricole, un arrière-grand-père mort pour la France et figurant en bonne place sur le monument aux morts, une certaine flemme à faire des études héritée de sa mère, ça vous campe le tableau : à seize ans, Julie P. est entrée en CDI à la bibliothèque municipale, chargée de l'accueil et du classement des livres, poste qu'elle a occupé pendant quarante-deux ans et six mois, prenant ensuite une retraite à taux plein.

À près de soixante ans, les enfants sont déjà grands, la maisonnée tourne toute seule, Julie a beaucoup de temps libre. Elle décide de reprendre un peu les études, le baccalauréat. Elle s'inscrit aux cours officiels par correspondance. Son mari l'encourage en ce sens, estimant avec sa philosophie à quatre roues motrices que ça la tiendra occupée et qu'il l'aura moins sur le dos.

"Le ciel est ta limite, ma chérie", bâille-t-il en sortant sa tête d'un match de première division. C'est toujours mieux que les mots croisés ou le tricot, qu'il se dit.

Julie remplit un dossier de candidature et reçoit par retour de courrier la liste des livres à acheter, les cahiers d'exercice, les manuels. Vous, les enfants, vous avez déjà vos listes de fournitures pour l'année prochaine ? »

Non, bien sûr, on les avait au dernier moment.

« Quand vous les aurez, surtout faites attention à ne prendre que des éditeurs connus, Hachette, vous pouvez, Bordas, pas de problème, vérifiez bien qu'il n'y a pas d'intrus, et si un nom vous semble bizarre n'hésitez pas à le signaler au rectorat. Julie ne s'est pas méfiée, elle a pris cette liste au pied de la lettre, résultat : elle est tombée dans un bien mauvais pétrin. Voici comment. Pour le manuel d'histoire, par négligence – ou malveillance – il n'y avait pas de références indiquées, ou plutôt si, mais c'était illisible, une faute de frappe très malheureuse, une certaine maison d'édition *Natas*, au lieu de *Nathan*, probablement.

Julie ne fait pas attention, elle va à la petite librairie-papeterie du centre-ville, elle tend sa liste au marchand. Il prend sa commande puis remarque :

“*Natas*, je connais pas comme éditeur. Doit être un nouveau. Ils nous en pondent tous les jours.”

Tiens, c’est étrange, pense Julie. Ce nom ne lui dit rien non plus, malgré son expérience de bibliothécaire.

Elle ne fait pas plus attention que ça. Pourquoi voulez-vous qu’elle se méfie ? Un manuel en vaut bien un autre, non ? Peu importe l’éditeur, le programme sera toujours le même. C’est là qu’elle se trompe cruellement et nous verrons pourquoi tout à l’heure.

Quelques jours plus tard, elle reçoit sa pile de livres, le magnifique manuel de mathématiques avec un savant fou dessiné sur la couverture, mélange d’Einstein et de Copernic, jonglant avec des racines carrées, celui d’économie où Karl Marx est représenté se battant au sabre contre Adam Smith, celui de biologie où un spermatozoïde en nœud papillon fait “toc-toc” sur un ovule souriant comme une banque.

Enfin le manuel d’histoire, lourd, sinistre, avec en couverture une mappemonde que Julie met du temps à reconnaître tellement elle est déformée. On voit à peine l’Europe qui semble minuscule, riquiqui à côté des autres continents, heureusement qu’il y a l’Italie et sa botte typique sinon on n’aurait aucune chance de la retrouver. Autant dire que la France y est complètement perdue. D’emblée, une impression de vertige.

À l'intérieur, ça ne s'arrange pas. Julie s'aperçoit au fur et à mesure des devoirs que notre pays n'apparaît que très peu comparativement aux autres nations. Les chapitres traitant du XXe siècle sont flagrants : le beau rôle y est laissé à des pays comme la Russie, l'Allemagne, la Chine, le Japon. Sans parler de… Mes amis ! C'est le monde à l'envers. L'histoire de *là-bas,* ses hommes politiques, ses coutumes économiques ou ses guerres sont présents à chaque page, tandis que la France doit se contenter de notes en fin de chapitre, d'une mention par-ci par-là, parfois d'une carte où on la voit à peine.

“Par CDD ! s'écrie Julie, les programmes ont sacrément changé !”

Elle met ça sur le compte de l'ouverture internationale. Malgré le malaise qu'elle éprouve et la sensation de perdre pied, sa conscience citoyenne ne peut qu'approuver. “Il est bon, se dit-elle, de s'intéresser à autre chose qu'au nombril.”

L'année avance, les devoirs se succèdent, et Julie commence à entrer dans les profondeurs du manuel. Ce qu'elle y découvre est tout bonnement stupéfiant. On aurait dit qu'il avait été écrit exprès pour calomnier la France, oui, la ridiculiser, travestir sa glorieuse chronique pour en faire des boulettes malodorantes, traîner ses grands hommes dans la fange. Un véritable abîme.

Oncle Guillaume sortit un papier jaunâtre plié en quatre. Il l'ouvrit avec de grandes précautions.

On aurait dit qu'il manipulait une souche d'un virus particulièrement dangereux.

« Ce sont des extraits que Julie m'a permis de recopier. Je ne les ai encore jamais lus à personne. »

Il nous jaugeait du regard.

« Oncle Guillaume, on n'est pas des mauviettes, dit le docteur Soubise.

– Allez, vas-y, l'encouragea l'instituteur. On est capables d'assumer, hein les gars ?

– C'est ce qu'on va voir, soupira oncle Guillaume. Je commence par Jeanne d'Arc. Vous pensez que la sainte femme est une grande meneuse d'hommes qui a sauvé la France ?... Détrompez-vous ! C'est, je lis, *une démente qui entend des voix, une illuminée hystérique comme il en pullule au Moyen Âge, une donzelle qui n'a dû ses victoires qu'aux bavures des Anglais. La folie collective a galvanisé ses troupes comme cela est souvent le cas dans les guerres saintes. Hérétique elle l'était, et on a raisonnablement bien fait de la mettre sur le bûcher, c'est compatible en tout cas avec les mœurs de l'époque. De nos jours, on ne l'aurait pas brûlée, non, on l'aurait internée avec une bonne piquouse de Tiradopéridol.* »

Un silence de mort, suivi dans l'instant par une montée de colère : je crois que même les erreurs d'arbitrage au football ne produisent pas de telles déflagrations. Les gens hurlaient, tapaient sur les tables, blasphémaient. Le chef d'entreprise, debout sur sa chaise, insultait copieusement les puissances invisibles qui avaient permis sinon encouragé pareille trahison.

« Attendez, ce n'est pas tout. »

Oncle Guillaume calma son public :

« Il y en a aussi sur la Révolution. Pour vous, 1789 c'est la démolition de la Bastille, la fin du despotisme ?... Eh bien, oubliez vos alpha et bêta, d'après le manuel de Julie, c'est... *une sinistre farce de prise de pouvoir par des connards assoiffés de sang, incultes, revanchards et nihilistes au sens taliban du terme.* »

Il essuya la transpiration qui coulait dans ses yeux, à moins que ce ne fussent des larmes.

« Napoléon ? Vous dites : batailles glorieuses, meubles Jacob ?... Encore raté ! C'est... *des millions de morts en Europe, les Russes à Paris, la bureaucratie sanctifiée, le rétablissement de l'esclavage.*

Passons au XXe. Mai 68 ?... Où est-il, Mai 68 ?... Ah ! le voilà... »

Le papier jaunâtre tremblait.

« Non, je n'en peux plus », dit-il soudain. Il posa le papier et souffla.

L'instituteur se saisit du texte :

« Vous permettez, onc' Guillaume. Mai 68... *De jeunes cons naïfs, maoïstes en gants blancs au moment où la Chine crève par millions, qui appellent "Révolution" un événement qui n'a même pas réussi à chasser un dindon sénile, mais qui en parlent trente ans après comme s'ils avaient fait Stalingrad. De... de...* »

Il s'effondra à son tour.

« Allez, dis-le, quoi », ordonna le docteur Soubise. Mais l'instituteur ne voulait pas. Alors le docteur Soubise attrapa le papier à son tour :

« De euh, de euh, *de la diarrhée d'enfants gâtés à côté du printemps de Prague*. Ha han ! »

Le docteur Soubise hoqueta.

« Stop, les enfants, arrêtez-vous », dit notre brave moustachu.

Autoritaire, il reprit le papier. L'assistance liquéfiée le regardait avec des yeux hagards.

« Vous avez compris. Pas la peine de se torturer inutilement. À chaque fois qu'il est possible de voir le verre à moitié plein, les auteurs de cet insalubre opus se débrouillent pour le voir vide avec une traînée de vieille mousse sur les bords. Julie qui pensait vivre dans un pays au passé glorieux, Julie dont l'ancêtre est mort au champ de bataille, se retrouve le nez dans la salissure. »

Il fit une pause et l'on retrouva petit à petit nos places assises. Au brouhaha des chaises succéda un silence écrasé. Oncle Guillaume poursuivit :

« Curieusement, Julie ne prend pas tout de suite la mesure des inepties. Le manuel parle avec aplomb. Son propos est servi avec quantité de dates, de noms, de photos. Les références bibliographiques sont fournies en petits caractères à la fin de chaque chapitre. Il fait tout pour paraître sérieux. Alors Julie, qui n'est pas une historienne, se dit que des découvertes récentes ont permis de mettre certaines pendules à l'heure. L'histoire est souvent une question de perspective. En élève consciencieuse, Julie gobe les contre-vérités, les approximations et les mensonges, pire, elle les apprend, persuadée de bien faire. Surtout, elle n'y pense pas trop car l'histoire est coefficient deux, alors que les mathématiques c'est sept.

On voit quelle énorme responsabilité pèse sur les auteurs de manuels et l'on frémit à l'idée que des énergumènes peu scrupuleux puissent s'y infiltrer pour laver le cerveau de nos jeunes pousses. »

L'instituteur manifesta son approbation par de violents grognements :

« Ah, si je tenais la pistache qui a pondu ce torchon, je… ouah… je… graaa…

– Attendez, ce n'est pas fini, dit oncle Guillaume, et sa voix sans relief nous fit peur. Julie ne se doute de rien, elle envoie ses devoirs qu'elle fait consciencieusement, mais on tarde à lui faire parvenir les corrigés, par lenteur administrative sans doute. Julie n'y fait pas attention, les maths et la physique la préoccupent autrement. Un jour, on lui demande d'écrire un devoir sur l'Occupation.

– Aïe, fit l'instituteur. Je crains le pire.

– Tu as raison, hélas, cent fois raison. Le pire est arrivé, et même pire que pire, j'en ai honte aux yeux rien que d'en parler. »

Oncle Guillaume baissa la voix jusqu'à la faire traîner par terre, entre mégots et tickets de PMU.

Sa moustache ne bougeait presque pas. On aurait dit qu'il partageait avec nous un terrible secret de famille.

« Julie est allée piocher au manuel. Sans prendre la moindre précaution, sans chercher à contredire ses sources, elle a parsemé son devoir d'a priori qui font froid dans le dos. Les enfants, je compte sur vous pour enregistrer dans vos caboches que ce que je vais dire là est une vaste opération de désinformation. Néanmoins, je vous crois suffisamment mûrs pour faire la part des choses, hum hum. Voilà ce qu'elle écrit, Julie, sans penser à mal… »

Il se tortilla de nouveau devant la feuille jaunâtre.

« Je dois y arriver, je vais y arriver. Allez. Hop. Un deux trois. *De juin 1940 à juin 1944, pendant que la Résistance fait dérailler quelques trains et imprime des tracts, la Collaboration fait 180 000 déportés (dont seulement 3 % survivront), soit un rendement infiniment supérieur.* Ouf, ouf, ouf. *Autant dire qu'en France, contrairement aux pays comme la Grèce ou la Yougoslavie, la Résistance est un phénomène négligeable.* On croit rêver ! Tout dans l'insinuation, hein, comme quoi on est des affreux. Attendez, il y a pire. Un deux trois. *Avant juin 1944,* écrit Julie, *la Résistance a passé le plus clair de son temps à se chamailler pour les beaux rôles et à mettre en place une bureaucratie de commandement. Parfois, quand il lui restait un peu de temps libre, elle jouait à la guerre. Jamais, sans l'aide des Alliés qui ont fait le plus difficile, les Français n'auraient eu le loisir de libérer quelques villes et de s'y livrer à de sympathiques épurations.* Vous êtes affranchis, maintenant. »

Il rangea le misérable papier. Sa moustache semblait plus blanche qu'un cadavre. Les sourcils tombaient de fatigue.

« Ça me révulse ! cria le docteur Soubise.

– Ces ordures méritent la peine de mort ! » proclama Thomas, l'ingénieur.

Michelle, la femme du patron, caquetait :

« Si je trouvais le fumier qui… je… ah…

– Oui, vous avez raison de vous outrer, murmura oncle Guillaume. Oui, c'est injuste, grossier, faux et déshonorant. Oui, cent fois oui, on a envie de mettre sur la figure à ceux qui sont derrière ces calomnies.

– Le Débarquement par-ci, le Débarquement par-là, râlait l'instituteur, on serait encore sous la botte des nazis à l'heure qu'il est s'il n'y avait eu ce « Débarquement », que je mets entre guillemets pour montrer que je ne suis pas dupe. Mon petit doigt me dit qu'il faut chercher du côté d'oncle Abe. »

Oncle Guillaume frotta sa moustache, l'air de dire qu'il en savait plus que nous, simples mortels.

« Allez, onc' Guillaume, sois pas cachottier, le pressa-t-on de partout.

– Odcam, à l'envers, ça donne quoi ? demanda-t-il, malicieusement.

– MacDo, décoda-t-on, et alors ?

– Et alors… Rallod ?

– Dollar !

– Bien. *Natas*, à l'envers, commanda-t-il.

– Bon sang ! s'exclama Thomas, le plus rapide d'entre nous à ces jeux de l'esprit.

– Je ne vous le fais pas dire, reprit oncle Guillaume. Julie renvoie son devoir, et quelques jours plus tard elle est convoquée au rectorat. Là on lui remet ses copies estampillées zéro, on l'exclut du programme avec interdiction de repasser quoi que ce soit. On lui signifie par ailleurs qu'elle fait l'objet d'une plainte devant le Tribunal, oui, le Tribunal. Pour révisionnisme et atteinte à la dignité de l'État. Elle a beau plaider sa bonne foi, les recteurs sont intraitables.

"Ce que vous avez écrit nous glace d'effroi, disent-ils.

– C'est pas moi, c'est le manuel", s'insurge Julie, et elle leur tend l'infâme ouvrage.

Ils l'examinent avec leurs yeux aiguisés, ils relisent les chapitres délicats comme on devrait relire les clauses d'un crédit immobilier et… ils ne trouvent aucune faute. C'est stupéfiant. Les paragraphes que Julie a recopiés ont diamétralement changé de tonalité. Jeanne d'Arc est redevenue la sainte qu'elle a toujours été. Les horreurs sur la Collaboration ont été remplacés par les statistiques montrant l'efficacité du maquis et la spectaculaire action du général de Gaulle. Sur la couverture, la mappemonde a subi une déformation et c'est maintenant la France qui est au centre du monde, comme il se doit. Un manuel innocent, semblable à tous les autres.

"Il est très bien ce manuel, disent les sages, vraiment rien à dire.

– Je ne comprends pas, balbutie Julie.

– Vous avez tout déformé vous-même, espèce de perverse", conclut le rectorat, et l'on peut difficilement le blâmer.

Julie rentre chez elle, abattue et humiliée. Tandis qu'elle traverse en voiture le centre-ville de La Varenne-les-Flots, elle a l'impression que la statue du monument aux morts se détourne d'elle comme si elle était le mal incarné. Un sentiment de faute très pénible la brûle de l'intérieur.

Depuis, elle n'a plus jamais ouvert le manuel de peur de revoir ce texte maudit destiné à elle seule. Elle n'en a plus jamais reparlé – sauf à votre serviteur et sous le sceau du plus grand secret. Rétrospectivement elle pense qu'elle a été la cible d'une attaque paranormale. Sa vie actuelle est faite de bonheur et de méfiance. »

L'oncle Guillaume se tut, nous invitant par son recueillement à méditer l'incroyable histoire de Julie. Quelques minutes passèrent ainsi en silence.

« Ah ben ça, on ne se méfie jamais assez », déclara soudain le patron, et l'on fut tous d'accord.

Cette phrase fut prémonitoire à bien des égards quant aux événements qui suivirent. La clochette de la porte tinta. On vit mon père franchir le pas de la porte, droit comme un pal, portant sur son visage une mélancolie brodée de noir. Derrière lui se tenait oncle Abe. Instinctivement je regardai mes chaussures, mais je me ressaisis aussitôt et relevai la tête, déçu par mon manque de sang-froid.

Oncle Abe se planta devant nous comme une carie.

« Je voudrais dire que vous avez passé les bornes, aboya-t-il. Je ne suis pas un voleur. Les responsables de cette sombre plaisanterie sont les deux gamins, là. »

Et il nous désigna de son index qui tremblotait un peu, crochu comme la mauvaise conscience.

Il y eut un vertige fait d'incompréhension. Dans son illusoire besoin de justice, oncle Abe dégageait tellement de haine que le papa de Wolf bondit par réflexe :

« Eh dis donc, non mais ça va pas, dégage avant que… »

Alors oncle Abe se tourna vers mon père et lui parla sèchement, comme on parle à un sous-fifre :

« Dis-leur, ils ne comprennent pas. Allez. »

C'était très humiliant et plusieurs habitués se levèrent pour lui apprendre la politesse, mais mon père fit un geste conciliant :

« Abe n'a pas complètement tort... »

Il était très gêné et il me lançait des œillades au curare. Il hésitait cependant à déballer toute l'affaire. Alors Wolf cria :

« Je n'ai rien fait, papa ! »

Ce qui était vrai, du moins en partie.

Mais en plus de la vérité, Wolf mit dans son cri toute l'innocence de l'enfance bafouée, le désenchantement du préadulte confronté à la vie, le supplice des premiers idéaux brisés. La douleur de Wolf était tellement proche, tellement humaine, qu'elle nous pétrifia. Avec tous mes talents de comédien je n'aurais jamais pu approcher cette perfection.

« Je n'ai rien fait, papa !

– Ah mais il va me le payer, fiston, crois-moi ! » s'insurgea le père. Il fit un pas vers la gorge d'oncle Abe en pulvérisant au passage quelques verres.

Oncle Abe ne bougea pas d'un soupir. Son regard restait appuyé, sa dégaine provocante. Du coude, il chercha mon père :

« Pierre-Loup, tu dois parler. »

Mon père se tâtait encore. On voyait qu'il avait un blocage. On aurait dit un tigre devant un cerceau enflammé. Alors oncle Abe repoussa l'assaillant lui-même, avec ses bras de rien du tout, et ce fut tellement une surprise que le père de Wolf se laissa faire, à la renverse, entraînant dans sa chute tables et chaises en cascade. Une carafe d'eau glissa en retenant son souffle sur le plan incliné d'un guéridon, tomba lentement comme un commando de pissenlits, et lui éclata au genou en projetant mille morceaux au phosphore.

Mon père se précipita vers le malheureux.

En face, oncle Abe dut ressentir le plaisir de la force physique quand on l'emploie avec succès, ce fut comme un fix à effet immédiat. Perdant tout bon sens qui commandait de déguerpir avant qu'il ne fût trop tard, oubliant ses habituelles précautions de langage, il se lança dans une tirade que seule la sensation d'invincibilité pouvait expliquer.

« Je vois que même toi, Pierre-Loup, tu prendras toujours la cause des lâches. Apparemment c'est un automatisme que vous avez, vous autres. Vous salopez d'abord avec votre caca, onctueusement vous tartinez dans les moindres recoins, ça vous pue sur les mains, vous en avez un peu honte, odeurs et couleurs ne partent pas facilement, toute cette merde est incompatible avec la très haute idée que vous avez de vous-mêmes, alors vous cherchez vite fait un type sur qui rejeter votre faute, un type qui ne saura pas trop se défendre. L'épuration, vous avez ça dans les gènes. Tel est votre penchant naturel qui… »

Il n'eut pas le temps de finir. Avec un grondement d'avalanche les habitués du bistrot se jetèrent sur lui. Ce ne fut qu'une boule de fureur. Les coups mats répondaient au drelin-drelin des verres brisés, les chaises valsant contre le flipper, le pied d'oncle

Abe cognant le pas de la porte comme la canne blanche d'un aveugle. Au-dessus de la mêlée, tel un drapeau sur une barricade, l'énorme cuisse du patron sortait d'un pantalon déchiré. Des cris, des cris par mitrailleuse : han ! sale ! hun ! race ! là ! pute !

Puis, le pas de la porte franchi, la bagarre prit un aspect plus rationnel. Oncle Abe, un peu froissé, reculait en agitant un pied de chaise, dérisoire défense face à une vingtaine de gars remontés, d'autant plus déchaînés que l'animal avait l'air de vouloir se battre.

« Pierre-Loup, supplia-t-il, nous avons vu ensemble les preuves, il faut que tu leur dises, chez madame Saint-Ange, Jean-Ramsès…

– Ta gueule ! hurla mon père. Tu mens ! »

À cet instant, j'eus la bonne idée d'extraire quelques larmes.

« De quoi m'accuse-t-on ? pleurnichai-je. Je ne comprends pas… »

Voyant ça, mon père devint comme fou.

« Qu'on le chope !

– Ils s'en prennent à nos enfants ! lui répondit le cri de l'instituteur.

– Attention, il a un clou rouillé ! gicla la serveuse.

– Les pieds, visez les pieds ! » suggéra le docteur Soubise. Joignant le geste à la parole, il lança un couvercle de poubelle directement derrière oncle Abe.

Il tomba lourdement. Le patron écrasa sa main. Le pied de chaise armé du clou en question changea de propriétaire.

« Ah, tu voulais me faire mal ! » criait le facteur.

Maintenant le clou entrait et sortait de la jambe d'oncle Abe, le facteur s'appliquait à la bêcher par petits coups hargneux tandis que le patron écrasait les poumons étalés sur l'asphalte.

« Tiens ! souffla-t-il. Ça, c'est pour Jeanne d'Arc ! »

Et il lui en balança un beau dans les côtes.

Il est vrai qu'en démocratie, une violence limitée peut accompagner le mécontentement. Sentant cela, le chef d'entreprise cria en prenant son élan :

« Et ça, c'est pour Napoléon !

– Pour Jean Moulin ! » dis-je à mon tour et je poussai Wolf sur le devant des opérations.

« Vas-y ! ordonnai-je. Un autre pour Boris Vildé ! Un autre pour le soldat inconnu ! »

Wolf s'était faufilé et tapait dans la tête avec ses pataugas.

Soudain, oncle Guillaume :

« Stop ! Laissez-le ! »

Le respect que nous avions pour cet homme nous fit immédiatement lâcher le bout de souffrance qui se traînait misérablement.

Oncle Guillaume s'approcha, sortit un mouchoir et l'appliqua contre un méchant hématome à la bouche. Puis il l'aida à se mettre debout. Ce n'était pas la Joconde. Le bras gauche pendait sans tonus, désarticulé, la jambe saignait abondamment, on eût dit la tête de Louis XVI.

Oncle Guillaume tourna vers nous sa moustache pleine de reproches :

« Vous avez laissé la colère brouiller votre raison, dit-il sévèrement. Nous ne sommes pas le Ku Klux Klan ou une autre engeance de *là-bas*. Il va falloir l'emmener à l'hôpital. Thomas, Bruno, Raphaël, vous vous en chargez. Allez à la Croix de Bois, ils me connaissent bien. Docteur Soubise je compte sur vous pour le soigner au mieux, et discrètement, vous me comprenez. »

À l'oncle Abe, il dit :

« Que cela te serve de leçon. Disparais et ne reviens plus jamais sur l'île. Tu sais ce que tu risques. »

On regarda oncle Abe clopiner vers la Renault de l'ingénieur Thomas, soutenu par ceux-là mêmes qui l'avaient tabassé cinq minutes plus tôt, et l'on ne manqua pas de ressentir une certaine grandeur à cette alliance contre nature, comme si la beauté et la misère de l'humanité marchaient ensemble, se supportant mutuellement.

On revint au bistrot en silence. On s'assit autour de l'oncle Guillaume. On avait nos yeux fayots. Pendant de longues minutes, il but sa bière sans rien dire, en passant et repassant le dos de la main dans la moustache. Puis il appela le patron, lui glissa un mot à l'oreille. Le patron alla aussitôt vers le coin sombre où venait s'asseoir oncle Abe et plaça une pancarte « table réservée » sur le sinistre guéridon. Oncle Guillaume parut satisfait.

« Il me faudrait un bol. »

Le patron apporta un cendrier Loto de la Française des jeux.

« Ça ira ?

– Je crois que oui », répondit oncle Guillaume.

Il sortit le mouchoir imbibé du sang d'oncle Abe et le plaça dans le cendrier. De son autre poche, il tira un portable cassé, le fameux portable cassé – vous vous imaginez notre surprise ! Il le posa sur le mouchoir. On eût dit qu'il arrangeait un bouquet.

« Que cela ne bouge pas d'ici. Jamais. Ça sera notre mémoire. Pour nous apprendre à être exigeants envers nous-mêmes. »

Puis il se tourna vers nous.

« Les enfants, vous vous êtes mal conduits, très mal. Votre père m'a tout raconté. »

Comme nous protestions faiblement, il se fit plus sévère :

« Ah ! mais on ne répond pas ! J'ai fait faire ma petite enquête, moi aussi. Certains établissements de cette ville ne vous sont pas inconnus. Alors maintenant il va falloir rembourser votre papa. Pour cela vous allez travailler au bistrot pendant vos heures de temps libre. Avec le monde qu'il y a, je crois que le patron sera content de vous proposer un arrangement. »

Se tournant vers mon père, il dit :

« Pierre-Loup, je comprends ta colère, mais il ne faut pas que tu sois trop dur avec le môme. Faut bien qu'enfance mûrisse, ce n'est pas toi qui me diras le contraire. Tu te souviens de nos quatre cents coups ? La Calypso de la Galette, oh oh oh. La mère Bigoudis… On est tous passés par là. Et ils sont formidables, ces enfants, j'en ai rarement vu qui écoutent aussi bien. Et l'on dit que les jeunes d'aujourd'hui ne valent rien. C'est faux ! C'est de la jeunesse formidable, une génération de l'espoir, ils ne se laisseront pas faire vis-à-vis de qui-tu-sais ! »

Il ne croyait pas si bien dire.

Nous le regardâmes avec reconnaissance. La bonne humeur revenait. Mon père me caressa le dos et je profitai d'un moment particulièrement tendrichon pour lui glisser mon carnet scolaire. Devant mes moyennes, le vieux bouc se ramollit complètement.

Oncle Guillaume nous couvrit de sa moustache pleine d'amour.

« Et maintenant venez, j'ai beaucoup d'autres histoires à vous raconter. Celle du banquier ventriloque qui avait plusieurs vies, celle du sous-marin fantôme qui trouait nos filets de pêche, celle du champ de pétrole français, eh oui, français, ou encore celle du parc d'attractions qui grandit à l'infini en bouffant nos campagnes – Dieu sait qu'il y a en ce monde des histoires formidables ! »

# II

# Feu !

## M et m

Les bombardiers volaient si bas qu'il suffisait de sauter un peu pour les caresser.

Le grand sergent ne s'en privait pas. Il se mettait sur la pointe des bottines et chatouillait furtivement leurs ventres dodus, les flancs brillants, les ailes transparentes qui paraissaient si légères. L'acier dépoli crissait sous les ongles. Ravies, les grosses bébêtes lui chantaient des mots mélodieux dans le langage des bombardiers – que le sergent ne comprenait pas –, et ils reprenaient leur majestueuse trajectoire.

À regret le sergent détachait ses yeux du ciel tout en y laissant ses pensées les plus douces. Il revenait à sa responsabilité dans la boue, à qui il disait :

– T'occupe des r'avions, t'es pas une chochotte, continue j'ai dit continue, magne-toi le cul si tu ne veux pas que j'te bute, on repart on y va, trente et un, on était à trente et un.

– Mm Mm Mm Mm Mm Mm Mm Mm Mm.

– Quarante.

– Mm Mm Mm Mm Mm Mm Mm Mm Mm Mm Mm Mm Mm Mm Mm Mm Mm Mm M. Oputain j'en peux plus.

Le grenadier ne voltigeait plus. Écrasé par un sac aux épaules, une radio sur la poitrine, le famas autour du cou pesant trois mille tonnes, il avait conservé à l'intérieur de lui un très léger doute sur l'utilité de l'exercice. Ce doute était comme un haltère supplémentaire qui plombait son cœur et l'empêchait de se surpasser.

Le sergent, forgé au commandement des hommes, détecta cette poussière d'hésitation. Avec une tendresse toute maternelle, il ordonna :

– R'encore.

– Mm Mm.

– Soixante et un la putain de ta race. Tu vas m'en faire douze de plus tu vas m'en faire jusqu'à.

Un bruit monstre d'avion en colère, suivi d'un trou de silence.

– J'ai pas entendu, sergent.

– Ta gueule. R'encore vingt j'ai dit puis vingt de plus, tu vas te presser les douilles à ta mère, tu vas ramer car c'est pas l'armée à Burkina Desh, on est pas le régiment des petites bites à guidon, on est pas dans ton putain de trou du cul sur mer r'alors tu mles sors tu mles sors grave.

– m Mm Mm M.

– Ça n'en fait que trois, oooooh je sais compter jusqu'à trois, j'ai pas rêvé t'en as fait trois.

– mM.

– Oooooh, t'appelles ça des m et M ? Non mais t'appelles ça des M ? C'est des M ? C'est pas des M. C'est du caleçon mou. C'est du fané. Tu vas finir sous un char comme.

Un jugement dernier remplit le ciel. Tandis que le sergent levait sa tête blasée vers les beautés accrochées aux nuages, ses jambes tremblèrent par capillarité. Il se sentit petit et vulnérable, mais ce n'était qu'un picotement espiègle de son inconscient qu'il refoula aussitôt. Le cri de l'avion s'éloigna.

– De ta mère, il est pas passé loin, je vais te dire comment ça s'appelle, ça s'appelle des nouilles, des nouilles au beurre margarine, si tu persistes je vais.

Un avion encore, peut-être moins fort que le précédent ou bien c'était déjà l'habitude.

– J'en peux plus oputain vous pouvez me tuer.

– Je vais te tuer, oooooh je vais te saigner alors tu sais ce qu'il te reste à faire. R'encore r'encore r'encore r'encore r'encore tu peux y arriver, je le sais ta putain de mère.

– M… m… M… m… M… m… M… m…

– C'est bien petit r'encore r'encore r'encore r'encore.

– MMMmmm.

– T'es un homme. Debout va te changer. Va debout va. Te débarbouiller debout. T'es un soldat, un dur, o o o o o oh tu passeras caporal, un jour tu comprendras, si tu sors vivant grâce à l'entraînement. C'est la clé l'entraînement. C'est dur à l'entraînement facila combat. Le général de Gaulle qui disait, tu sais qui c'est le général de Gaulle ? C'est qui le général de Gaulle ? Réponds puisque tu sais la putain de sa race.

– Un grand bonhomme oputain.

– Un grand bonhomme mais pas seulement, tête de mitard. On vous r'apprend rien à l'école. Quand il était dans une tranchée en Afrique du Nord, le général de Gaulle il a dit le coup de l'entraînement facila combat. Il a dit aussi « en avant », il a dit, il a mis son casque, il est monté en première ligne.

– Oui sergent.

– T'es r'encore là gicle gicle.

Au loin, comme un rot de café, un dernier bombardier passait en effaçant le bleu. On ne l'entendait presque plus.

– J'avais bien dit qu'ils s'éloigneront, soupira le sergent. Faut bien qu'ils s'entraînent. La guerre n'est pas une partie de golf.

Il décida d'apprendre le bombardier dès qu'il aurait un instant de libre. Il parlait déjà le canon de 105 autotracté et avait des notions de chenillette

B45, modèle Léopard, qui n'était pas un dialecte répandu mais si harmonieux qu'on l'aurait cru inventé exprès pour le chant.

Plus tard, sur le pavé languissant du campement provisoire, on passait devant un cube de mouvements synchrones.

– Présentez am, repsez am, pré-sen-tez am, repsez am, présentez am, c'est mou, ça claque pas, repsez am, présentez am, tu fais quoi là.

– Je vais me changer, chef.

– Alors dégage, tu passeras avec la section suivante. Pourquoi vous le regardez, c'est moi qu'il faut regarder, c'est l'drapeau qu'il faut regarder, j'ai pas dit repsez, j'ai pas dit repsez, j'ai dit repsez ? j'ai pas dit repsez, t'as entendu repsez ? t'as entendu repsez, de ta mère ? répète c'que t'as entendu, ose me dire que j'ai dit repsez, je j'ai, je j'ai.

Alors on s'éloignait en se demandant quel destin serait réservé à ces grains de poussière en armes. Fitoussi, Vasseur, Musson, Wagner, Richier… Serait-il meilleur que le nôtre ? Avait-on bien fait de se porter volontaire ? On savait bien, au fond de nous, qu'il existait quelque part un destin perso qui nous attendait placidement, ce n'était qu'une question de minutes.

## Le colonel nous parle

À ceux qui rêvent de colonels, il faudrait dire ceci : un colonel est toujours plus petit que ce que l'on voit dans les rêves. Dans la vie réelle, plus on se rapproche d'un colonel, plus on découvre la modestie de sa stature, surprenante quand on connaît ses aptitudes au commandement et les vies qui pèsent sur ses épaules. Le phénomène est assez décevant si l'on n'est pas prévenu. Certains colonels plus que d'autres donnent l'impression d'une fausse note.

M. Dujardin était un tout petit colonel. Personne n'avait jamais sérieusement rêvé de lui, même sa femme d'avant la nuit de noces, ce qui explique peut-être sa motivation dans le métier de soldat et sa brillante progression professionnelle. Parfois, la concierge de M. Dujardin rêvait de lui au moment des étrennes : elle voyait son ombre effacée se faufiler hors de l'immeuble et partir en courant. « J'ai un Transall à prendre pour un point chaud du globe », criait-il, l'air navré.

M. Dujardin portait les fameuses cinq barrettes fixées par un carré de velcro. On les sentait vibrer d'une joie contenue, un peu comme les cinq lignes vierges d'une portée de musique. Un potentiel gigantesque.

– À vos rangs, ix ! Pré-sen-tez am. Huitième régiment rassemblé, à vos ordres, mon colonel.

– Repsez am. Repos soldats. Bonjour, je suis le colonel Dujardin. J'ai fait tout le voyage depuis l'état-major pour vous parler, vous les engagés volontaires, vous l'élite de la nation, moi l'état-major, nous sommes fiers de vous. La patrie, la mère, nos fils, nos compagnes vous ont confié une mission difficile, mission délicate, salubre libératoire mission. Soldats, nous allons sauter cette nuit. Ouais, cette nuit, pour profiter de l'effet de surprise. Tout à l'heure, vous avez entendu les bombardiers décoller. Ce n'étaient pas des caramels. De vraies bombes téléguidées de huit cents, sur leurs têtes à dollars.

Le poing du colonel fendit un crâne imaginaire. Un frisson de plaisir parcourut les jeunes palmiers. Ainsi c'était parti pour de bon ! On ne se contentait plus de jacasser, on joignait le geste à la parole, et quel geste ! La grande roue avait tourné, entraînant des millions de petits rouages enduits de fierté. Le livre d'histoire s'était brusquement ouvert sur une page blanche. Il importait d'y inscrire une épopée. Jamais on n'avait senti autant de bonheur aux semelles des bottines. Joie de l'action. Jubilation d'en être.

– Soldats, l'attaque a été lancée. Rien ne pourra l'arrêter. Jusqu'à ce que nous libérions le monde de la domination du dollar. C'est énorme. Personne ne s'y attend. Pendant des décennies, nous avons envoyé des leurres diplomatiques. Eh bien, maintenant c'est fini. La France ne se couchera plus. La France assume ses responsabilités de pays à l'avant-garde du droit moral. La France part au combat. Unie derrière son chef, la France défendra ses valeurs de justice. Nous allons pilonner les centres de transmission, les aéroports, les stations d'essence, les ponts, les casernes. Dans un geste d'humanité, autant que la visibilité le permettra, nous éviterons les écoles, les églises lieux de culte, les hôpitaux.

Le colonel maîtrisait son sujet. Tout avait été pensé, planifié, organisé. Il ne restait plus qu'à sauter dans le wagon. Une bonne course d'élan, et hop ! La machine nous prenait en charge. Une démocratie sans tabou, voilà ce qu'on était.

– Les dollars ne nous font pas peur. Un seconde classe français en mange vingt, des dollars, au petit-déjeuner chaque matin. Pourquoi ? Parce que le Français a une histoire glorieuse derrière lui.

Il n'est pas arrivé là par hasard, lui. Il y a eu Charlemagne, Saint-Louis, François Un. Que fait le dollar pendant ce temps ? Il se balance sur les arbres. Il joue aux fléchettes, le cannibale. Quand il entend le mot « civilisation », il s'enfuit en courant. Le génocide des Indiens a été leur seule forme de culture pendant des siècles. Mais on n'achète pas le soldat français avec des bouts de verre et des clochettes. On ne se laissera pas avoir, oh non. Les dollars sont des baudruches que l'on va taillader à grands coups de baïonnette dans le bide. Ç'en sera fini de leur arrogance, leurs dollars ne les sauveront pas de l'impartialité universelle, la coupe est pleine, on les avait prévenus, maintenant il va falloir payer pour tous les crimes qu'ils ont commis dans le monde. Rappelez-vous, soldats, les villes martyres. Dresde. Cologne. Hiroshima. Nagasaki. Saigon. El Salvador. Mogadiscio. Bagdad, la ville sainte. Vous n'étiez pas nés, mais vos pères, grands-pères, oncles vous ont raconté. Que votre cœur se remplisse d'une grande soif de justice. Que votre bras durcisse pour se muer en un instrument de revanche. La remise des pendules à l'heure a commencé. Les opprimés auront leur dédommagement.

À cet instant du discours, on perdait un peu le fil et l'on remontait de quelques mois dans le temps, on se voyait avant l'incorporation, dans le bourbier du quotidien, suintant d'impuissance, pris au piège de la petite vie. Au diable ! On était mieux aux Antilles, avec ce colonel plein d'énergie, et la ligne d'horizon, rose et bleue, qu'on pouvait lécher en tendant la langue.

– Posez-vous, soldats, les vraies grandes questions de tout habitant du IIIe millénaire. Souhaitez-vous avancer vers le futur ou reculer vers le XXe siècle ? Vivre sous la botte des dollars, ou vivre tout court ? Réfléchissez. Qui nous humilie depuis des siècles à s'en mettre plein les poches à nos dépens ? Qui est l'immonde Goliath ? Soldats, la morale nous donne raison, et réciproquement. Nous sommes soutenus par tous les peuples opprimés de la Terre. La femme battue du Soudan, l'intouchable de Ceylan, l'ouvrier métallo de Lima, le primitif d'Australie prient à notre victoire. Tous ceux qui aspirent à davantage de justice sociale font bloc derrière nous. Y compris sur leur territoire, j'insiste là-dessus. Le petit peuple dollar, ces masses enchaînées par la loi des banquiers, ce peuple exploité attend qu'on le libère. Les hommes, les femmes de San Francisco, Chicago, New York adhèrent à nos valeurs, ils en ont assez d'être bernés par Wall Street, ils en ont assez de passer aux yeux du monde pour des criminels.

Les trémolos du colonel faisaient palpiter les drapeaux. On n'était pas des stupides, on savait qu'il y aurait des pertes. Là-bas était un grand pays. Leur armée était, on nous l'avait dit, une des meilleures au monde, avec la nôtre, les Russes et les

Chinois. Mais c'était une armée de robots, sans âme, sans hargne, allergique au risque, une armée de nantis.

– Soldats, aujourd'hui votre Patrie vous demande des sacrifices. Le chemin sera long, épineux, mais la victoire est au bout du tunnel. Soldats, l'offensive est lancée. Les générations futures, vos fils, compagnes, mère père grand-mère vous regardent. Leur cœur se gonfle de fierté. Vous êtes beaux, vous êtes forts, vous êtes invincibles. Il est écrit que ce sera nous, Français, qui briserons les chaînes où nous enferme la mondialisation. Nous traçons une page glorieuse de l'histoire qui s'écrira en lettres dorées sur vos blasons. Soldats, je vois dans vos yeux la détermination de granit et je suis rassuré. Vous z'êtes pas des savonnettes. Le huitième régiment c'est du costaud. Hein.

Il joua de l'index. Un photographe des armées sortit de derrière le poste de commandement et mit en joue. On bomba le torse. Le petit oiseau s'envola pour la postérité.

– Je voudrais maintenant donner quelques détails sur l'organisation concrète de l'offensive. Votre mission est de s'infiltrer en territoire ennemi vers F. Montrez la carte, capitaine. Merci capitaine. Voici F où nous serons rejoints par la deuxième brigade motorisée. L'objectif est de prendre les dollars en tenaille sur le Caloosahatchee, de les comprimer entre l'enclume et le marteau jusqu'à leur faire sortir le ketchup de leurs viandes aux hormones. On va arroser le maïs avec la mayo de leurs cervelles égoïstes. Le terrain sera préparé par les troupes aéroportées Alpha, soutenues par la flotte. Clemenceau, l'Invincible, l'Indomptable, frégate porte-hélicoptères Jeanne-d'Arc où sera basé le poste de commandement. Bon bon. Je vois que le moral est bon. Excellent le moral. Vos yeux brillent d'impatience. Maintenant reposez-vous un peu car la nuit sera longue. Écrivez à vos parents, petites amies, rassurez vos proches, vive la France, huitième régiment gadavou ! repos, gadavou ! Rompez les rangs.

Et les rangs furent rompus. Chacun essayait de décrypter le long discours pour en saisir les implications concrètes sur ses tripes personnelles. Confusément, on sentait que le temps, d'habitude si flegmatique, si transparent, venait de prendre soudain une teinte indélébile. Pendant plusieurs mois, parfois pendant plusieurs années, ceux qui survivraient verraient dans leurs rêves le colonel Dujardin, grandi par son éloquence jusqu'à la taille d'un blindé, leur chuchoter à l'oreille : « Seconde classe Fitoussi, la nation vous regarde. »

La première soirée de guerre fut studieuse. On s'enferma dans les souvenirs. Ceux qui savaient écrire et qui avaient des traces de parents sortirent leurs beaux stylos. Les autres se collèrent aux portables pour appeler leur chérie une dernière fois avant que le haut commandement ne demandât le black-out des relais. La sonnerie d'un portable est très agaçante quand on est au front, et peut même causer des accidents.

## Chronologie de la peur

*23 heures 12 minutes :*

« Mes très chers parents très aimés,

Quand vous recevrez cette lettre, vous saurez déjà, je suppose, que la guerre a commencé. D'emblée, je voudrais vous dire relax. Le monde ne s'est pas arrêté de tourner, au contraire, il tourne plus vite, et dans la bonne direction, pour une fois, grâce à nous. C'est nous, soldats de la République, qui le faisons ronronner avec notre ordre serré, quand on attaque le sol du talon. C'est nous qui le faisons avancer, de commun élan avec les bonnes volontés des hommes libres, quand on s'entraîne à sauter sur zone, quand on rampe dans la boue, quand on se fatigue à l'entraînement, et croyez-moi, c'est pas cool mais ça forge. Dites-le à vos amis, dites-le à vos voisins, criez-le partout sur l'île que votre fils sert la patrie et que vous en êtes fiers. Il y a en ce moment un bout de vos tripes, un verre de votre sang, quelque part en Floride. J'espère qu'ils sont encore opérationnels au moment où vous lisez ces lignes. Je blague. Je n'ai pas peur. Une chose… »

*23 heures 20 minutes :*

On n'avait peut-être pas peur, encore que, mais le stylo, lui, tomba en panne.

– Oputain, ça commence bien, t'aurais pas…

– Nan.

On ne se connaissait pas encore, les grenadiers n'étaient pas prêteurs, chacun dans son coin ne pensait qu'à son bic, le sens de l'équipe n'avait pas encore cimenté. Les doigts serraient machinalement le bout de plastique chaud et inoffensif.

– Nan, j'ai dit.

Finalement, du bout de la chambrée, parvint un murmure fraternel :

– Venez, je peux vous dépanner.

Le seconde classe Richier ouvrait une sacoche où une vingtaine de stylos de toutes les couleurs se vautraient dans une fosse commune.

– Prenez celui que vous voulez, je vous le donne.

– Comment, n'importe lequel ?

– Je ne sais pas pour vous, mais moi, je compte écrire une lettre à ma mère tous les jours, expliqua Richier.

Il fouilla dans son barda.

– J'ai aussi un journal de bord. Le truc bleu, c'est un cahier pour noter les états d'âme. Et là (il montra de petits livres épais), de la lecture pour trois mois.

Un peu dégoûté par tant de sucreries, on prenait le premier bic venu, on pensait « beau blaireau », et l'on retournait à son devoir.

*23 heures 35 minutes :*

« Une chose est sûre, ce n'est pas vraiment une guerre au sens péjoratif habituel, comme on pouvait le dire de la gluante guerre du Vietnam ou de l'odieuse guerre du Golfe. Notre guerre est une illumination pour tous les hommes libres. Ce n'est pas une guerre à sens unique. C'est une guerre pleine d'espoir. Nous allons construire un ordre nouveau où le dollar ne fera pas sa loi. Les dollars n'auront que ce qu'ils méritent. On ne peut indéfiniment narguer le nez et la barbe de la planète. Ce n'est pas la France qui a voulu la guerre, au contraire, elle a tout fait pour l'éviter, car la France est une nation profondément ~~discrète~~ PACIFIQUE, mais il y a des limites à notre patience. Des années d'humiliations ont creusé le sillon. Nos jambes ont pris le chemin que les dollars ont eux-mêmes indiqué. L'arrogance des nantis va leur revenir comme une erreur informatique dans la gueule. La coupe est pleine. Les hommes libres vont se libérer (et venger vos cheveux blancs en même temps). C'est une question de génération. Ce que vous et vos parents et vos grands-parents avez enduré, nous, les jeunes, on n'est plus disposés à l'avaler. Je vous assure que mes camarades sont aussi motivés que moi. On fait bloc derrière la patrie spoliée. Je ne reculerai pas. »

*23 heures 45 minutes :*

Reculer pour aller où ? On levait le stylo et pendant quelques instants on revoyait la visite médicale d'incorporation, où le capitaine nous boxait le dos en criant : « Ça c'est du muscle de Barbarie ou je ne m'y connais pas. » Le tampon « apte » nous avait définitivement propulsés sur cette trajectoire. On avait toujours su, dès l'enfance, que tôt ou tard on se retrouverait aux avant-postes d'une chevauchée. Sinon, à quoi bon vivre ?

*0 heure 10 minutes :*

« Bref, ne soyez pas tristes de cette guerre ni inquiets, mais soulagés. La chose est une nécessité. C'est comme aller aux toilettes. Les hommes ne peuvent vivre en paix sans éprouver de lassitude. Au bout de quelques décennies de paix stérile à cultiver les hortensias, on a l'impression de croupir, l'esprit s'enlise, le corps s'avachit. On a besoin d'avancer. La guerre stérilise les sols et permet de repartir sur de bonnes bases. « Enfin, la guerre ! » a d'ailleurs dit le colonel Dujardin et je vous ai déjà expliqué à quel point notre colonel est un homme juste et bon. Je suis serein. »

*0 heure 12 minutes :*

Là, on ne pouvait s'empêcher de sourire. « Juste et bon », allons donc, n'était-ce pas un peu gros ? « Petit et constipé » aurait été plus juste, avec un drôle de nom qui n'évoquait pas vraiment une machine de guerre. Avec un nom pareil, on savait déjà ce que cet homme ferait de sa retraite. On ne pouvait pas en dire autant pour tout le monde. Guillemot, Fitoussi, Vasseur, Musson, Richier : des noms qui n'engagent à rien, des points d'interrogation, des abstractions. Parfait pour des grenadiers voltigeurs, somme toute. Il n'y avait que Wagner, à la rigueur, dont on pouvait se demander s'il n'avait pas des prédispositions, et Biberon.

*0 heure 12 minutes :*

« Nous devrions quitter la base d'entraînement cette nuit. Le régiment sera engagé en territoire ennemi quelque part vers F. J'avoue que j'ai le cœur ~~mouillé~~ JOYEUX à l'idée de partir (mais ce n'est pas de la peur, car je n'ai pas peur, mais alors pas un iota). Dieu sait comment on sera logés une fois sur le continent. La Guadeloupe me convenait parfaitement. C'est une île, comme la nôtre, mais plus agréable question climat et les filles (je l'écris pour papa, maman tu peux sauter directement au paragraphe suivant) sont très tolérantes avec les hommes en uniforme même si je n'ai guère eu l'occasion de quitter la base pour me reposer le guerrier en ville. Le forfait est très accessible, moitié moins cher que chez Mme Saint-Ange, tu comprends pourquoi les habitants d'ici se plaignent le chinois quand ils arrivent en métropo... »

*0 heure 15 minutes :*

– Eh, les gars, venez voir la ration de combat!

On laissa la lettre en plan pour se précipiter auprès de Biberon. Il tenait un sac de vingt portions kaki. La sienne était déjà ouverte et son contenu s'étalait sur le futon.

Biberon énumérait ses trésors :

– Une boîte d'allumettes waterproof, une conserve de bœuf compressé, un échantillon d'alcool, une part de fromage *Président*, du fil et une aiguille, ouah ouah, un mini-réchaud pliable, des biscuits, un morceau de chocolat, une plaquette de pastilles de différentes couleurs.

Il y avait trente pastilles vertes, marquées « vitamines à prendre à jeun », dix pastilles violettes « en cas de douleur », deux pastilles jaunes « hémorragie grave » et une pastille orange sans titre, fermée par une double protection.

– Otamère, on dirait la pilule.

– Ta gueule, coupa Fitoussi.

Il avait fait médecine.

On n'allait pas commencer à se disputer.

*0 heure 45 minutes. Sentiment d'urgence :*

« Bientôt, le premier combat. Le colonel nous a dit aujourd'hui que la région serait préparée par nos camarades des troupes Alpha. J'ai entièrement confiance dans ces hommes qui sont les meilleurs soldats du monde. Ils font la guerre avec humanisme et discernement. Ici nous prions tous pour avoir l'honneur d'être mutés un jour dans cette brigade légendaire. La veuve et l'orphelin sont au centre de leur dispositif, et ce ne sont pas des paroles en l'air ou un bon mot, j'ai lu quelque part que un pour cent de leur budget global est reversé à des œuvres de bienfaisance. J'aimerais que l'on ait semblable mécanisme dans notre régiment. »

*0 heure 52 minutes :*

– Qui veut faire une partie de tarot ? beugla Morisot.

Il avait déjà fini, lui. L'enveloppe reposait triomphalement sur le haut de son sac. On eût dit qu'il avait conquis l'Everest.

*0 heure 52 minutes. L'inspiration est bel et bien là :*

« Chers parents, ne vous inquiétez pas de ce louf-louf que l'on entend dans les journaux comme quoi notre armée est plus petite en nombre et moins bien équipée que celle des ~~big macs~~ DOLLARS. Ils ne savent pas ce qu'ils racontent, ces généraux à la retraite. Il y a beaucoup de désinformation. Les blancs-becs jouent les Cassandre. Ils se croient encore au XX$^{e}$ siècle. Je ne dis pas que tout est rose avec des fleurs mais les nombres ne font pas tout. Les nombres sont impressionnants sur du papier journal et font peur au rentier, mais la réalité du terrain est tout autre. Notre détermination ne se mesure pas avec des nombres. Le sergent instructeur rappelle souvent que Napoléon a conquis l'Europe avec des nombres modestes. Le génie militaire nique les chiffres, qu'il dit. Et de ce point de vue, nous sommes très bien lotis. Car notre commandement ne réfléchit pas à la légère. Vous pensez bien qu'il n'est pas question pour eux de nous envoyer au casse-pipe, même si nous ne demandons pas mieux, car mourir pour une grande idée est la seule mort qui soit digne. Je n'ai pas peur.

Puisqu'on en parle, chers parents, ne soyez pas déçus si je devais y rester. Le colonel Dujardin nous a prévenus que ce ne serait pas une partie de chasse. Il y aura des blessés, des morts. Je n'ai pas peur. Souvenez-vous de ce que disait le général de Gaulle : « Si ton ennemi t'outrage, va t'asseoir devant sa porte, tu verras passer son cadavre. » Le colonel Dujardin est à l'image de ce grand homme, toujours prêt à payer de sa personne. Je suis persuadé que s'il y a des morts, le colonel Dujardin mourra en premier. Tant que les journaux n'ont pas annoncé sa mauvaise fortune, vous pouvez être tranquilles pour moi… »

*1 heure 10 minutes :*

– T'as une photo de ta copine ?

On soulevait une paupière, soupesant l'expression niaise du deuxième classe Morisot.

– Eh, lui file pas, dit Wagner, il ira s'astiquer le pied-de-biche.

– Pas du tout, pas du tout, se justifia Morisot. Simple curiosité.

*1 heure 13 minutes :*

« Donnez-moi des nouvelles du pays. Que devient Jean-Ramsès ? Se plaît-il toujours dans son ministère ? Il doit m'en vouloir à mort d'être là. J'ai en quelque sorte pris sa place. Dites à Stéphanie qu'elle me manque. Je vais essayer de lui écrire séparément, si j'en ai le courage après ce qui s'est passé au moment de l'incorporation. C'est mon seul regret, l'appel s'est fait dans le secret et la précipitation, je n'ai pas eu le temps de lui expliquer. Si l'on veut un jour terrasser Magog et manger des lentilles aux lardons sur les marches de la Maison-Blanche, l'effet de surprise est un brillant coup tactique. Essayez de lui parler, elle vous écoutera peut-être.

Votre fils qui vous aime très fort.

Wolf.

P.-S. Dehors on entend les ordres de rassemblement. Je n'ai pas peur. »

*7 heures 30 minutes. Levée du courrier :*

L'enveloppe portait un cachet violet « Franchise militaire ». Elle passa par un scanneur à grande vitesse de l'armée qui numérisa le contenu. Le texte océrisé fut mâché par un logiciel de classement sémantique. Un supercalculateur fit la transcription en mots clés. La censure n'y trouva rien à redire, sauf quelques mots malheureux, biffés et remplacés par des équivalents en petites majuscules COMME CECI. Un tampon orange avec un code-barre indiqua que l'enveloppe pouvait poursuivre son voyage. Conformément à la loi « informatique et libertés », le nom du soldat fut aussitôt effacé des fichiers. La machine ne conserva que son grade, seconde classe, et son lieu d'affectation, la Floride, à des fins statistiques.

Deux jours plus tard, le facteur sonnait chez les Guillemot. Mme Guillemot, d'une main inquiète, saisit l'enveloppe. « C'est le petit ! cria-t-elle en arrachant le rabat. Il est vivant ! »

## Hypothèse

Dans l'antre sombre du transport de troupes Renault, énorme camion-baleine un peu vieillot, construit dans les années 2000 pour lutter contre le chômage technique des ouvriers de France, la digestion allait bon train.

– Il paraît qu'ils ont des bombes qui détectent les ondes céphaliques.

– Otarace.

– T'es sûr, Richier ?

– Je l'ai lu dans *Science & Vie*. Il suffit que tu penses à un truc, je sais pas, ta maman ou la fille du charcutier, tu produis là-dedans une onde électromagnétique. Les pensées ne sont que mouvements d'électrons. C'est prouvé. Un signal très faible mais quand même suffisant pour leurs antennes de troisième génération. Un satellite sert de relais. Pendant que tu manges ton bœuf aux choux, ou Dieu sait ce qu'on mange par chez toi.

– Lentilles aux lardons.

– Mouais, tu manges tes lentilles qui font péter l'ozone, tu les écrases entre tes dents sans te douter qu'un missile se dirige par tes pensées droit vers ta tête.

– C'est des conneries, otamère. Richier, tu déconnes.

– Moi, ça me semble crédible. On détecte bien la chaleur. Il peut faire nuit à crever les yeux, ton nègre dans le tunnel tu le vois limpide, comme s'il broutait au fond d'une baignoire. C'est force, c'est technique.

– Il n'y a pas besoin d'ondes céphaliques pour ça. Les infrarouges suffisent.

– Non. Pa'ce que ton satellite il est bien obligé de savoir si c'est un français qui pense ou un boche ou un dollar pour éviter les bavures.

– Ne me dis pas, oputain, qu'ils lisent dans les pensées. Je n'ai plus dix ans.

– Il y a un truc tout simple. L'onde céphalique n'a pas la même intensité si c'est un français qui pense ou un dollar.

– Elle est plus forte chez les français.

– J'crois bien, surtout si tu penses à Brigitte ou Carole.

– Omachose.

– Comment t'expliques cette différence ?

– Y sont trop hygiéniques, y s'interdisent certaines pensées.

– C'est des gonzesses dans leur slip.

– Y z'auront les menstrues quand on va les tirer. Onde machin ou pas, c'est pas leurs ruses de métèques qui vont les sauver. S'y voyaient c'que j'pense.

– Je vais quand même essayer de penser le moins possible… Tu manges pas ton fromage ?

Le reste du trajet se déroula en silence éclaboussé de tirs de mortier. Le deuxième classe Morisot souleva la bâche sur le côté et dégobilla en plein sur la route.

## Un accident tout bête

Quand il sortit du supermarché, Wolf eut envie de tout plaquer, une rage de dents. Son famas pendait au bout du bras droit. Une Ford fumait paisiblement sur le parking. Ça puait le caoutchouc brûlé et l'oignon frit. Désemparé, Wolf s'avançait dans la lumière. Des sacs en plastique Best Price, ourlets de civilisation, flottaient çà et là. Wolf n'arrivait pas à croire que c'était lui qui marchait ainsi, dans la banlieue de Petersburg, Floride, avec toute cette poussière balayée par le vent.

Un Kentucky Fried Chicken clignota de l'autre côté de la vie. Alors le bout du famas se décalotta et tatata !

Le sergent courait déjà vers le malheureux.

– Baisse ton arme, petit, c'est un ordre !

La voix du sergent lui rappela des souvenirs. Le bras se détendit. L'instrument s'échappa.

Le sergent le cueillit délicatement et mit le cran de sûreté.

– Oé, petit, on se calme, raconte ce qui s'est passé.

– Oputain, sergent, oputain oputain.

– C'est rien ça, tu t'es coupé en te rasant.

– Otamère.

– Tu parles d'une blessure. N'a pas peur. Deuxième classe Guillemot, redresse-toi. Deuxième classe Guillemot.

Wolf regardait le sergent sans le voir vraiment. On avait placé un aquarium entre eux. Il voyait bien les yeux bleus nager à sa rencontre, et l'algue de la langue se tortiller entre les récifs, mais le sens des paroles lui échappait. Le sergent avait deux gros poils noirs dans la narine droite qui distrayaient énormément.

– Il a sorti une arme, sergent, je l'ai bien vue, c'était lui ou moi. J'ai crié que j'étais réglo, les sommations d'usage, halte là, qui va là, mais il comprenait que dalle, à cause du dollar qu'il avait dans la tête. Alors j'ai lâché les corn-flakes et.

Wolf disait vrai. Le gérant du supermarché ne parlait pas un mot de français. Il avait fait espagnol à l'école. D'ailleurs il n'avait pas dépassé le collège. Il avait cru, l'imbécile, que Wolf était un skinhead ou quelque voyou portant treillis. Peut-être avait-il même pensé – le temps d'un looping – qu'il avait devant lui un des avocats de sa femme en instance de divorce. Ou un tueur en série comme ils en ont souvent aux informations. Allez savoir ce qui se passe dans la tête d'un gérant de supermarché. Aurait-il pu se douter que Wolf était un représentant de l'armée française ? Se serait-il alors conduit autrement ?

Maintenant, le gérant se vautrait tranquillement dans son poumon en bouillie. En tombant, sa tête avait écrasé le paquet de corn-flakes. Oubliés d'un coup ses problèmes de divorce !

– T'as rien à te reprocher, petit, t'as fait le max, c'est le réflexe de famas qui l'a tué.

– Je ne voulais pas. Juste le blesser au poignet pour lui faire lâcher son arme.

– T'es pas cap, remarqua sérieusement le sergent. T'es pas Dolph Lundgren. Quand il tire dans le bras du méchant pour lui faire lâcher la grenade, dans *Scorpion rouge*, ce genre de conneries, t'oublies.

Wolf s'assit dans les restes d'une camionnette. Il regarda ses doigts. « Les doigts d'un tueur », pensa-t-il. Quand il se gratta le nez, il sentit distinctement l'odeur de la poudre.

– Je ne voulais pas, répéta-t-il mais avec un peu moins de conviction.

– J'sais bien, petit, c'est duralex, le premier type on ne l'oublie jamais. Parfois il viendra te faire suer la nuit, dans tes déchets de rêves. Le général de Gaulle disait, avec ce détachement qui le caractérisait : « Le plus dur, quand on tue un homme, c'est de viser la tête. » Tu vois, il ne portait pas à conséquence.

Ils méditèrent les paroles du grand homme.

Comme ils avaient faim et que leurs rations n'étaient pas encore livrées par les hommes du génie, le sergent invita Wolf encore tout tremblant chez KFC, de l'autre côté de la vie.

La rafale avait laissé sur la façade une cicatrice de varicelle.

Ils mangèrent en silence des restes froids de poulet industriel abandonné par l'ennemi en déroute.

Plus tard, dans le camion Renault, Wolf partagea avec ses camarades le coup de sang de son premier tué. Il raconta les corn-flakes, la caisse qui fit *ding ding dong*, l'haleine mystérieuse de la mort... Les camarades voulaient en savoir toujours davantage. Insatiables curieux ! Sous l'œil bienveillant du sergent, Wolf livrait des détails, refaisait le geste du famas, mimait la tête crispée du gérant.

– Ce ne serait pas arrivé si les dollars n'avaient pour habitude de se promener avec des armes à feu, remarqua-t-on.

On aborda ainsi le vaste problème du port d'armes et du deuxième amendement. Richier avait une théorie à ce sujet.

– Oé les pucelles, dit le sergent, un peu dépassé par la tournure de la conversation, arrêtez de saouler le deuxième classe. Vous en aurez vous aussi des erreurs de mort sur les bras, je parie sur vot' chance.

Il cracha dans le crépuscule.

Le soir, compte tenu de son traumatisme, Wolf fut dispensé de corvée de nettoyage des armes (c'est Richier qui en hérita). Il en profita pour réfléchir à la fragilité de cette substance que l'on nomme la vie et du droit qu'il avait pris de l'enlever. L'odeur de poudre était tenace cependant, comme du pipi de chat.

## L'incident de la pastille jaune

*Samedi matin, d'un seul jet :*

« Mes très chers papa et maman,

Je suis désolé d'avoir mis autant de temps à vous répondre : nous avions du pain sur la planche, ici, c'est peu dire. Jamais je n'aurais cru la Floride aussi grande. Malgré la puissance moteur des Renault, qui sont les meilleurs camions du monde, nous avons mis plusieurs jours pour atteindre Orlando, puis Jacksonville. Nos amis des troupes Alpha ont bien fait leur travail, trop même : pas un pont n'est debout, pas une ligne à haute tension. L'infrastructure des dollars est en miettes. Sans elle, les dollars sont comme des canards sans tête, ils errent sans but dans des rues livides. Plus de télévision, plus d'Internet, ils sont perdus. La nuit, la seule lumière qu'on ait vient des stations d'essence en flammes.

Pour mettre toutes les chances de notre côté, le haut commandement a décidé de disperser des millions de tracts en français et en dollar, où l'on explique par le menu notre vision pacifique. « Un autre monde est possible », qu'on leur dit, « acceptez la main tendue d'une des plus vieilles civilisations du monde », et je crois que c'est là un message universel.

Les dollars nous ont violemment sous-estimés. Jamais ils ne nous ont crus capables de venir les chatouiller chez eux, comme ça, à la hussarde. Ils pensaient que nous leur faisions du cinéma français quand on disait que notre patience avait des limites. Eh bien, ils se sont trompés.

Le débarquement lui-même s'est passé comme lubrifié. Une préparation aérienne minime, suivie d'un pilonnage au mortier même pas très poussé, une section en reconnaissance qui prend position sur la plage abandonnée, et moi dans la suivante, avec les secondes classes Richier, Wagner, Vasseur, Musson, un peu d'eau salée dans les bottines, et hop, nous voilà au pays de l'injustice sociale. Pas un seul soldat en face de nous. Vivant, je précise. Quelques morts ou en train, vite recouverts par des couvertures de survie et évacués par nos services d'hygiène aux armées, quelques voitures retournées, pas de quoi faire un reportage au vingt heures. Franchement, les images qu'on nous montre des guerres dans les pays du tiers monde sont bien plus secoue-conscience que la piteuse prestation de ce pays pourri par le fric.

Ah s'ils avaient su ! Ils nous auraient construit des bunkers comme on en a autour de notre île. Surtout, leurs troupes auraient eu une posture plus défensive au lieu de se concentrer sur l'envahissement de pays innocents. Il paraît que le gros de leurs forces, qui ne nous font même pas peur, est à des milliers de kilomètres, quelque part en Asie ou à un autre endroit du globe que les dollars considèrent comme leur pré carré. Bananes !

Quand on tombe sur des reliquats de leur armée, on ne peut que constater le piètre état de préparation. Ils ont du matériel de pointe, mais le moral ne suit pas. Ils ont les foies dès qu'une difficulté matérielle les prive de leur beurre de cacahouètes quotidien. Le régiment de Petersburg s'est rendu quand la ville a été rationnée en eau courante. À Sarasota, on a vu des policiers nous remettre les clés de l'armurerie locale. Pas un coup de feu n'a été échangé à Daytona Beach. Partout, la même stupeur devant nos troupes fières, le même soulagement quand on leur apprend que l'on ne vient pas pour les ennuyer mais pour les libérer de la domination des trop riches. Il y en a qui se mettent à nous applaudir. Parfois on nous apporte à manger, mais le sergent a strictement interdit d'y toucher, car il a peur d'un coup fourré. De toute façon, on n'est pas tentés par l'ordinaire qu'ils consomment.

Il suffit de voir le résultat sur leurs organismes. Les rues sont pleines de grosses larves traînant leur misérable obésité. Parfois, j'ai pitié des dollars. »

À cet instant, Biberon fit de grands gestes : il l'appelait sous la tente. Wolf bâillonna son inspiration.

– Entre vite et ferme derrière toi, dit Biberon avec des airs de conspirateur.

Une odeur de fauve aux pieds sales comprima les narines. Trois pas plus loin, Wolf se cogna à la traverse du lit pliant. Là, entre deux paillasses, Wagner, Musson et Vasseur étaient accroupis au-dessus d'une petite flamme bleue. Vasseur tenait une cuillère où nageait une pastille jaune, Musson touillait la préparation avec une paille, Wagner montait une pipe à eau avec des canettes de Coca-Cola.

– C'est une tassepé de jaune, fit Biberon comme si on avait besoin d'une explication.

– Je vois ce que je vois, dit Wolf.

Il savait qu'il aurait l'honneur de la première taffe – personne à part lui n'avait encore tué de dollar. Il attendit que le liquide se mît à bouillir, avec par endroits des calots noirâtres.

– Ça va être autre chose que la violette, saliva Biberon.

– J'espère bien, dit Wolf.

Musson éteignit le réchaud :

– C'est prêt !

Il versa le liquide dans une canette coupée en deux qu'il couvrit de film alimentaire. Un astucieux système de pailles et de réservoirs bricolé par Wagner fut monté par-dessus. Wolf s'installa sur le lit, enleva ses bottines et mit le bout de la paille sous la langue. Biberon scrutait les palpitations de ses narines.

– Alors ? demanda-t-il quand Wolf eut expiré.

« Dégage ! » aurait voulu gémir Wolf, mais sa bouche ne s'ouvrit pas. Il ne voyait rien d'autre qu'un immense champ de coquelicots.

Soudain quelqu'un cria :

– Vingt-deux !

Il y eut du bruit, des canettes froissées, un courant d'air et de longues conversations en sourdine.

Quand il revint à lui, l'infirmier Fitoussi éclairait le fond de son œil à la lampe torche.

– Bienvenue en Floride, dit-il. Tu nous as fait une boulette.

Pendant une semaine, Wolf but beaucoup d'eau. Il pissa jaune. Les camarades se moquaient de lui sans pitié mais personne ne le dénonça au sergent.

*Mercredi, après une visite de routine à l'infirmerie. La mémoire revient. Les mains ne tremblent plus :*

« Une bien bonne m'est arrivée dans une épicerie d'Orange Lake. On est tombé sur des bouteilles du pays, un petit vin de l'île, AOC et tout. « Y s'emmerdent pas », a dit le sergent. Surtout vu le prix qu'ils le vendent, notre vin. Dix fois plus cher qu'au *Huit-à-huit*. Et tu crois que la différence va au peuple ? Tends l'autre joue, eh bouffon ! Ce sont les rapaces qui se sucrent sur le dos du consommateur. Il avait raison, l'oncle Guillaume.

On leur a pris une caisse pour améliorer l'ordinaire. Rassure-toi, je n'ai rien payé. L'épicier nous a fait cadeau. Moi, en échange, je lui ai donné un pin's du Tour de l'île, tu sais, celui avec le col de la Vachette. Il a paru surpris. Peut-être s'attendait-il à ce qu'on le vole, purement et simplement. Telle est la propagande anti-française que l'on distille là-bas depuis des années. On serait des petits calibres forts en gueule, tout juste capables d'escroquer le reste de la planète avec nos produits même pas bons. Je te jure, il y a de quoi avoir la haine.

Divine liqueur ! On l'a bue en se racontant les histoires du pays. C'était un grand soir. J'ai beaucoup pensé à vous, qui êtes si loin. Le ciel était magnifique. On voyait la Grande Ourse. Les étoiles filaient tellement que je n'avais pas le temps de faire un vœu il y en avait une autre, et une autre, et une autre ! « C'est la DCA, ~~vaginale de leur mère à clapet~~ PUNAISE », a dit le sergent. Voyez comme la guerre sait imiter la nature.

Le sergent a une sacrée descente. La caisse a tôt fait de se vider. Et tu ne devineras jamais ce que j'ai lu sur l'étiquette, au fond du cageot. Un nom qui m'a semblé familier. « Société d'import-export Abe Carnot. Produits exotiques. » J'ai relu deux fois, dix fois, je t'assure, il n'y a pas d'erreur possible. La châtaigne n'est pas loin. Le hasard fait bien les choses, me suis-je dit. Ah s'il tombe entre mes mains ! Je n'ai pas pu m'empêcher de scruter la nuit, comme si l'oncle Abe était quelque part à côté de nous, caché dans l'obscurité. Je n'ai entendu que les cris des chauves-souris, des coassements de crapaud (dont plusieurs espèces venimeuses), des hurlements d'effraie. C'était absurde, mais on aurait dit que je sentais sa présence.

La nature ici est luxuriante. Il y a des insectes que je n'ai jamais vus de ma vie. Vers le lac Okeechobee, alors que l'on traversait un marécage, on a tiré des crocodiles. Une sorte de scarabée gros comme le poing a mordu le deuxième classe Richier à la cuisse. L'air est chargé de miasmes. La nuit, on entend des cris de jungle qui nous glacent les os alors que le thermomètre ne descend pas en dessous de trente-cinq. Tout me conforte dans l'opinion que l'homme européen n'a rien à faire ici. Seuls des individus parfaitement malsains de corps et d'esprit peuvent s'acclimater. L'influence néfaste de la nature explique sans doute pourquoi les dollars ont si mal tourné dans leur ensemble, alors qu'ils avaient tout pour réussir si leurs ancêtres étaient restés dans leurs pays d'origine au lieu de chercher la cocagne dans ce nouveau monde, qui n'a rien de nouveau ni d'accueillant.

À Jacksonville, nous avons croisé le colonel Dujardin, souriant et détendu. Il nous a passés en revue. C'est là que j'ai appris que les trois quarts de la Floride avaient été sécurisés avec des pertes minimes. Le blitzkrieg a du bon, qu'il a dit, le colonel. On voyait qu'il pensait à des références qu'il avait eues à l'École de Guerre. Il nous a prévenus cependant qu'il ne fallait pas trop nous croire dans la chantilly, car plus au nord, des accrochages sérieux ont lieu autour d'Atlanta. Le colonel a supposé que le régiment engagé là-bas pourrait avoir besoin de notre soutien. Les ennemis reculent mais la guerre est loin d'être gagnée.

On va passer à la deuxième phase. « Il faudra attaquer là où ils sont fragiles », a dit le colonel, et il a ajouté : « Il faut briser le mythe dollar, la culture dollar, pour leur enlever l'envie de se battre. » Je ne prévois pas de permission avant un bout de temps, peut-être deux ou trois mois. Dans ces conditions, dites plein de choses patientes à Stéphanie. Faut qu'elle soit forte. Quand le général de Gaulle est arrivé à Londres après la débâcle, sa femme a très vite montré des signes de lassitude à cause du climat de pluie et de bruine. Ce n'est pas le Maroc, qu'elle disait. Pourtant, ils ont serré les dents et leur attente a fini par payer. Je voudrais que vous le répétiez à Stéphanie. « Leur attente a fini par payer. » Personnellement, je trouve cette histoire très réconfortante. J'ai du mal à lui en parler dans mes lettres : tu sais, papa, comment sont les femmes, il leur faut du sentiment ou un ersatz, pas des hypothèses sur l'avenir. La femme déteste l'incertitude. Du moins, c'est ce que je suppose car dès que j'essaye d'évoquer des choses sérieuses, je sens comme une déception dans le courrier que je reçois.

Je vois d'ici maman qui s'inquiète pour notre relation. Chère maman ! Ne te fais pas de mauvaise bile, maman, tout va très bien entre Steph et moi, vraiment, je t'assure. C'est la guerre, donc l'absence, donc l'abstinence, qui crée une légère tension, bien compréhensible. Le contraire serait étonnant. Moi, j'évacue par le combat, mais elle ? Je me mets à sa place. Heureusement, on a notre web où l'on peut échanger des messages au format radioshark. Je le consulte dès que j'ai un moment entre deux missions sur le terrain. La dernière fois, Stéphanie m'a posté une chanson de Michel Polnareff, *Kama Sutra* – tu vois le sous-entendu ? À mon tour, je lui ai envoyé une chanson de Julien Clerc, qu'elle a pu télécharger sur armees.fr. Ce n'est rien, Tu le sais bien, Le temps passe, Ce n'est rien. Je crois que ça convient parfaitement à ce que l'on vit, elle et moi, en ce moment.

Je vous embrasse.

Votre Wolf.

P.-S. Les dollars ne sont pas des surhommes, j'en ai eu la preuve formelle il y a quelques jours. Il n'y a pas de barrière magnétique qui les protégerait, ou de maléfice à la con, comme on entend parfois chez les ploucs de banlieue. Encore moins de pommade qui les rendrait durs comme de la pierre. Ce sont des superstitions qui ne valent pas un pet de lardon. Les dollars, quand ils se prennent une balle dans le poumon, surtout si c'est une balle de famas, qui sont les meilleures balles du monde parce qu'elles ne pèsent rien, conjuguées à une poussée initiale très forte à la sortie du canon, le trou est tout petit mais les dégâts sont bonbon, la coquine ne ressort pas immédiatement, elle se balade un peu partout, comme un globule blanc, ça vous fatigue un dollar, ça le rend tout mou, il tombe dans les corn-flakes. Dites-le à Jean-Ramsès. J'ai vérifié. »

## Nos ancêtres, les Gaulois

En vain cherchait-on dans ces paysages ponctués de palmiers sales des traces de l'ancienne présence française.

C'était vers 1560, expliquait le seconde classe Richier, très fanfaron sur les connaissances. Les troupes françaises, soutenues par l'amiral de Coligny, débarquèrent pas loin de Jacksonville, où elles construisirent un fort, le Fort Caroline, et tentèrent de fonder une colonie. L'expérience dura quinze mois.

On s'étonnait. Quinze mois ! Avant de progresser vers la Louisiane ? Non, soupirait Richier, avant de se faire ratatiner par les Espagnols.

On se courba mentalement sous la mauvaise nouvelle. On aurait dit que cette information du passé diminuait nos chances de succès dans la guerre actuelle, alors que franchement il n'y avait pas de rapport. Le seconde classe Wagner semblait douter. Les Espagnols n'auraient eu aucune chance en Floride, disait-il, surtout face à de l'infanterie française. Il accusa Richier de pratiquer de la désinformation. Il le secoua à sa manière pour lui faire passer les propos scandaleux, et Richier finit par se rétracter. Non, admit-il, un peu penaud, l'armée espagnole n'est pas à la hauteur de la nôtre, elle ne l'a jamais été, elle ne le sera jamais. D'ailleurs on serait bien embêté s'il fallait citer un nom de char espagnol, sans parler de porte-avions, alors que tout le monde connaît le Leclerc, l'AMX, le VAB. Il s'était mal documenté, voilà tout. À la bonne heure, disait Wagner. S'il n'y avait pas eu les putains de Pyrénées pour se planquer derrière, l'Espagne serait une république, et saine depuis longtemps. Richier acquiesçait faiblement.

On écoutait la dispute d'une oreille distraite. Le camion roulait vite, brinquebalant nos corps transformés en machines de guerre. La route semée de détritus et de voitures carbonisées se prolongeait à l'infini. On frissonnait en songeant à ces temps, pas si éloignés que ça, où nos ancêtres audacieux avaient osé l'aventure. Débarquer en Floride, quelle mouche les avait piqués ? Avaient-ils pressenti, par quelque flash venu du futur, l'apparition prochaine sur ce sol hostile d'une nation perfide avec tout ce que cela comporterait de déceptions pour le monde ? Auraient-ils voulu l'empêcher ? Valeureux soldats, morts pour la France.

À force d'y penser, on commençait à sentir leur présence fantomatique sur cette terre de souffrance. On aurait dit qu'ils flottaient autour du camion. « Coligny, nous voilà », lança quelqu'un. Et l'on reprit, d'un chœur bourru et triste : « Une flamme sacrée monte du sol natal, Et la France enivrée te salue, Amiral ! »

## Un cadeau opportun

À Jacksonville, le colonel Dujardin discutait avec les élus locaux réunis en grande pompe, à l'aide d'un interprète car il ne parlait pas dollar. Le colonel portait un gilet pare-balles – on ne sait jamais. Au loin, on entendait le son de la canonnade, majestueuse et douce comme le tonnerre d'un orage qui s'éloigne.

– Je vous parle au nom du Grand-Aïeul qui habite en France. Le Grand-Aïeul a envoyé ses soldats pour voir comment ses enfants vivent de ce côté de l'Atlantique, car on lui a rapporté de bien mauvaises choses. Certains de ses enfants ont mis leur vie au service du dollar, d'autres ne font qu'exploiter leurs frères plus faibles économiquement, d'autres enfin pensent soumettre la planète à leurs besoins d'expansion. Le Grand-Aïeul est très chagriné. Il voudrait dire à ses enfants de Jacksonville qu'il leur a apporté un fourgon de cadeaux s'ils rejettent ces modes de vie d'un autre âge. Il voudrait aussi leur dire que s'ils n'obéissent pas à la voix de la raison, il enverra une armée plus nombreuse que tous les grains de blé de leurs champs et il fera pleuvoir sur leur tête de multiples fléaux dont il m'a chargé personnellement. Vous avez le choix entre la guerre, avec ce que cela comporte de barbarie, avec le risque de lire la désapprobation dans les yeux de vos enfants et petits-enfants, s'ils ne sont pas morts d'ici-là, et la paix, une paix des braves, une paix dans l'axe de la paix. Nous ne venons pas chez vous en ennemis. Ce n'est pas pour piller vos McDo et KFC que nous avons fait sept mille kilomètres. Ouvrez les yeux. Nous venons vous sauver de vos propres démons. Car le peuple des dollars est un grand peuple.

Pendant que l'interprète traduisait, les élus locaux échangeaient entre eux des remarques sur tel ou tel point du discours. Certains comptaient du regard les soldats présents ou trouaient mentalement le gilet pare-balles, et l'on voyait à leur mine renfrognée qu'ils étaient capables de toutes les trahisons. D'autres, visiblement tentés, lorgnaient vers les grandes caisses où tintaient les cadeaux.

– Ils veulent voir les présents d'abord, dit enfin l'interprète après de nombreux palabres.

L'élu majeur de Jacksonville campait fièrement en croisant les bras. Le nez en l'air, il paraissait intraitable.

Le colonel fit « oui » de la main. On s'affaira autour d'une grande malle. Elle était remplie de bouteilles de vin, d'accessoires Hermès, de produits cosmétiques et de gris-gris, sans oublier quelques livres de Saint-Exupéry, d'*À bout de souffle* édition collector, de *Tintin en Amérique* et d'écharpes tricolores au blason du FC Monaco.

## L’Empire romain

Sous ses airs de soldat modèle, le deuxième classe Richier était un intellectuel à jus. Wolf eut tôt fait de le comprendre : l’animal se promenait partout avec un cahier où il griffonnait des textes inutiles. Richier glissait le cahier et son stupide contenu dans la poche de cuisse, là où un soldat en bonne santé mettrait un baladeur radioshark et la photo de Cléopâtre. Quand la guerre faisait une pause, il sortait le cahier et se mettait à écrire au crayon à papier. « C’est un pédé », pouffait-on. Peut-être voulait-il devenir écrivain, mais ce n’était pas une excuse.

À le voir parader de la sorte, Wolf se disait que c’était sacrément bien fait, le coup de la morsure de scarabée. Les animaux sauvages ont cette intuition formidable qui les fait s’attaquer aux plus faibles, aux plus oiseux du troupeau.

Après que le scarabée l'eut mordu, la cuisse de Richier se remplit de pus fluorescent et on le crut condamné. Le cahier déménagea vers la poche de poitrine. Maintenant, quand il parlait de choses intellectuelles, Richier tapotait sa poitrine l'air de dire, « c'est tout noté là » ou « j'ai déjà réfléchi à la question, vous pensez bien ». C'était très agaçant pour les autres. Parfois, avec ses camarades, Wolf arrachait le cahier et jouait à le lancer pendant que Richier sautait maladroitement en essayant de l'attraper.

Au fond, c'étaient de bons camarades. Je ne dis pas que Wolf se serait fait tuer pour Richier, ou qu'il aurait aimé le revoir une fois la guerre terminée, mais on se changeait les idées d'avoir parfois une conversation décalée, le soir, autour d'une bonne ration de combat.

– On a beaucoup comparé le dollar et l'Empire romain, disait Richier quand il sentait que l'ambiance le permettait. Du point de vue destinée historique, j'entends. L'histoire nous apprend que tôt ou tard les empires connaissent une phase de déclin.

– Ta gueule, Richier.

– Ce que je veux dire, reprenait imprudemment Richier, c'est qu'il peut y avoir plusieurs périodes de déclin, suivies par des envolées non moins impressionnantes. Déclin ne veut pas dire mort certaine. Ce peut être juste un mauvais moment à passer.

– Eh parle-nous plutôt des poopoos à ta sœur.

– Nous, on a l'impression que le dollar s'est enlisé, qu'il respire à peine l'asthmatique, que nous allons lui donner le coup d'euthanasie, mais c'est peut-être aussi une illusion. Nous avons le nez dans le guidon de l'histoire.

– Rhô. Scusez-moi.

– C'est quand l'Empire romain cessa de vouloir être l'Empire romain qu'il se désagrégea. La décadence vient de l'intérieur. Les vandales n'ont pas été pour grand-chose. On meurt d'abord dans sa tête. Un jour viendra quand le dollar n'aura plus envie de vivre. Quand sa culture préfabriquée ne le fera plus rêver. Ce jour-là, le maléfice tombera tout seul, à la première occasion. Nous serions alors cette mauvaise conscience qui le ferait déborder.

Richier caressait sa cuisse gonflée où pulsaient d'étranges douleurs. Musson se leva :

– Eh, toi, le philosophe, t'aurais pas du pécu ? Je vais poser une mine anti-personnel, là.

À ce stade, déjà content d'avoir exprimé plusieurs pensées qu'il trouvait dignes d'un début de débat à la télévision, Richier se taisait, par précaution. Et Wolf de le regarder avec dégoût et admiration, comme on regarde un fou.

## La danse de l'hélicoptère

Au petit matin, comme ils s'approchaient d'Atlanta par la voie des champs, ils entendirent siffler de drôles de petites balles qui semblaient pleines de joie. Aussitôt, le grand sergent s'allongea par terre, la tête dans le marais. Wolf rampa auprès de lui.

– Je crois qu'ils ont des mitrailleuses lourdes, sergent, ils nous ont pris en feu croisé, avec des putains d'explosives.

Le diagnostic ne manquait pas de pertinence.

Le sergent, qui semblait distrait, ne répondit pas. Peut-être rêvait-il de quelque action glorieuse où le général de Gaulle en personne lui lancerait des paroles immortelles, pistolet au poing.

Wolf secoua le sergent pendant que de grosses balles chaudes, bourrées de tics, creusaient le sol autour de lui comme de petites taupes. La bottine du sergent se détacha. « Une prune bien mûre », pensa Wolf.

« Sainte putain, il est salement touché », comprit-il soudain. Il se demanda si le sergent avait remarqué qu'il lui manquait un pied, et si non, fallait-il le déranger pour le lui apprendre au plus vite ou laisser le temps s'en charger.

– Faites gaffe aux mines, sergent, souffla-t-il quand même, par précaution.

L'instinct lui commanda de laisser le sergent à ses rêves, quitte à reprendre la conversation plus tard. Il repéra un muret de grosses pierres, sur le bas-côté d'une route très sympathique en cette saison et pas très éloignée. À peine vingt mètres à vol d'homme. Il les parcourut par la pensée et comprit que c'était vraiment le but dans sa vie. Toutes ses études, ses rendez-vous galants avec Stéphanie, ses ambitions professionnelles, tout le fatras de son existence n'étaient rien à côté du calme qu'offrait ce muret à court terme. En fait, s'il était là sur cette Terre, à cet instant, c'était pour atteindre le muret, maintenant. La simplicité de son futur proche était d'un confort inouï. Il en aurait presque souri. Jamais dans la vie il n'eut de choix plus facile.

Le gros hélicoptère Black Hawk souriait, lui aussi. Suspendu dans le ciel, il mangeait la brigade par petites bouchées de riz gluant.

Wolf se retourna pour voir comment les autres allaient aborder ce problème.

Le seconde classe Biberon criait en agitant son famas. Son doigt montrait le Black Hawk – ce n'était pas très original.

Crier n'était pas la solution. Poum, voilà qu'il n'eut plus de jambes, le Biberon. Sans que cela fît plus de bruit que cela. Le famas de Biberon se grumela aussitôt. Privé de jambes, il lui était délicat de progresser vers les lignes ennemies. Il essayait pourtant, il avait la volonté qui se lisait dans le regard, mais il n'y avait rien à faire. On vit Biberon lever les yeux au ciel, l'air de dire : putain de matos, putain de jambes *made in* France.

Puis le seconde classe Biberon s'affaissa sous le poids de son équipement. Sa tête disparut dans les roseaux. Le caporal Kiejmann se précipita courageusement. Il lui manquait déjà un cou, au caporal. La tête ça allait, le tronc aussi, à part deux ou trois écorchures de rien du tout, mais le tiret entre les deux avait fait faux bond. Ça lui donnait une dégaine très personnelle. (« C'est à regretter de ne pas avoir d'appareil numérique », pensa la partie cruelle de Wolf, pour se faire censurer aussitôt.)

Plus loin, le reste de la brigade n'était guère plus en forme.

Le caporal Ducasse, si c'était lui car on ne voyait pas bien à cause de la fumée qui sortait du camion Renault, Ducasse – oui, c'était bien lui –, Ducasse pétait la forme, plus loin dans la plaine. Il portait une radio. On pouvait toujours compter sur lui. Le plus calme de tous, il mâchait un bâton de réglisse et exposait la situation à l'état-major. Il ne gesticulait pas comme l'autre bleu bite de Biberon, il parlait calmement dans le combiné. Puis il raccrocha et fit O.K. avec sa main. Wolf en fut immédiatement rassuré. L'état-major savait maintenant, pour le pétrin. La responsabilité de leur mort future était transférée à qui de droit.

Radio ou pas, le Black Hawk ne fut guère impressionné. Il se balançait doucement de gauche à droite en observant le théâtre des opérations. De temps en temps, une roquette s'envolait de sous ses ailerons et allait se planter dans le flanc français. Il avait une vue magnifique. On aurait bien aimé être à sa place, sentir la puissance de la ligne de mire, avec ces petites bêtes affolées galopant à qui mieux mieux. C'était comme pisser sur une fourmilière.

Il fallait se rendre à l'évidence : le sergent avait fait une boulette en les faisant avancer ainsi à découvert. Wolf se demanda à quoi avaient servi les millions de pompes que le sergent avait accumulées dans sa vie. C'était une pensée défaitiste, causée par l'éloignement relatif du muret.

Le Black Hawk semblait content de sa prestation. Il s'arrêta de tirer pour un instant. On aurait dit un artisan qui pose les outils pour admirer amoureusement le travail de ses mains. Wolf se risqua à bouger le petit doigt. Pas de réaction. Alors Wolf s'enhardit et avança le bras. Il attrapa le pied du sergent et s'en servit pour tâter autour de lui, des fois qu'il y eût une mine. Il ne se passa toujours rien. L'hélicoptère semblait négliger les grenadiers voltigeurs. Ce n'était pas de la pitié, évidemment. Wolf suivit son regard et vit qu'un malheureux char Leclerc égaré se dépatouillait dans le marais, vulnérable comme un cheveu dans la paume. « Il va se faire allumer », pensa Wolf. Au même instant, grâce à ses facultés télépathiques, l'hélicoptère eut la même pensée. Il pivota son court nez arrogant et se mit à cracher, cracher, cracher. Wolf se boucha les oreilles. Il s'attendait à une explosion, imminente dès lors que les obus stockés à l'intérieur du char se mettraient à fermenter.

Rien. Il ne se passa rien.

Quel dommage que le sergent ne pût relever la tête pour voir cet incroyable tableau. L'hélicoptère tirait, tirait comme un bègue, et l'autre, impassible, avançait doucement, troublé en rien dans sa fonction rampante, les projectiles pleuvant à côté de lui, l'éclaboussant parfois de boue scintillante, sans le moindre impact digne de ce nom. On aurait dit qu'un dieu facétieux avait bâti une cloche invisible qui le protégeait.

Wolf n'en croyait pas ses yeux. Le méchant hélicoptère ressemblait à un cerf-volant relié à la terre par une ficelle de balles traçantes. Il tirait à perdre haleine, on voyait qu'il s'énervait, commençait à douter, pendant que le char exécutait un numéro de funambule endormi, la moitié des chenilles encore embourbées dans le marais, la tourelle alerte cependant.

« Il va le niquer avec son canon », pensa Wolf, et l'espoir palpita vraiment quand il vit le gros cigare du char se lever en direction du coléoptère. « Tire, bon sang, tire ! »

Soudain notre grosse limace se couvrit de petite vérole multicolore, typique des balles à uranium enrichi quand elles pénètrent dans le blindage. Le prodige avait cessé. Les dieux ne protégeaient plus leur jouet. On vit des gerbes de fumée violacée sortir d'une multitude de trous d'épingle, et le char se fendit d'un terrible pet de cheval.

Soulagé, le Black Hawk admirait le résultat. Il se balançait de gauche à droite en frottant ses mains invisibles. L'acharnement au travail finit toujours par payer, avait-il l'air de dire. Mort aux faibles.

Profitant de son humeur contemplative, des grenadiers voltigeurs, Wolf en tête, se dépêchèrent de rejoindre le muret.

– Alors qu'est-ce qu'on fait maintenant ? demanda une voix qui venait à peine de muer.

C'était Richier. Wolf fut estomaqué de découvrir l'intellectuel en pleine forme, alors que des gars bien plus solides mentalement avaient été amochés. Pire, sa morsure de scarabée avait l'air guérie, ou presque.

– Le sergent est mort, annonça Wolf.

Il montra le pied du sergent qu'il tenait toujours. C'était ridicule : il avait oublié de le laisser quelque part.

– On peut toujours essayer de lui tirer dessus, dit Ducasse en pointant son menton vers le terrible machin noir qui les dominait comme une question du jugement dernier.

Aucun d'entre eux n'y avait pensé jusqu'à présent. Tout comme un lapin ne pense à mordre un python qui l'observe – tout au plus, s'il est courageux, en rêve-t-il la nuit comme on rêve de quelque beauté inaccessible –, ils avaient oublié leurs armes qui pendouillaient sans vie !

Ce fut comme une seconde naissance. L'ennemi dans le viseur !

– Oputain je vais me le faire !

– Vise le compartiment des roquettes !

– Il est blindé sur les côtés !

– Jevémele jevémele !

Chacun y allait de son commentaire tandis que résonnait enfin sur la Floride endormie le chant du famas.

L'hélicoptère pivota vers eux et tira de longues rafales juteuses qui en abîmèrent plus d'un, de l'autre côté du muret. Il faisait des étincelles. On aurait dit qu'il plantait des clous dans une robe de mariée.

Peut-être eut-il la grosse tête ou ne sut gérer sa barrière de Peter, à moins que ce fût un câble à haute tension qui s'emmêlât dans ses pales : on entendit soudain le grondement mécanique de blender enragé. Le Black Hawk tomba sans éclat, comme un plat de nouilles, à deux enjambées du sergent.

D'abord indécis, les combattants de la liberté sortirent leurs têtes de derrière le muret, et observèrent l'étrange défaite de leur ennemi. Il n'y eut pas d'explosion comme on en voit dans les films, ni de feu ravageur, juste un bruit de canette froissée et un grésillement désagréable qui donna l'envie de se gratter.

Quand ils furent certains que le Black Hawk ne bougerait plus, ils s'approchèrent par groupes de trois, le caporal Ducasse en tête.

– C'est le moteur qui a lâché, dit-il avec son air nonchalant. On ne peut exclure une défaillance humaine. Ou alors une balle de famas.

Alors la joie des survivants explosa, elle, comme mille hélicoptères dans mille films hollywoodiens.

Le seconde classe Wagner, bientôt suivi par d'autres, déchargea son fusil en l'air en signe de victoire. Spontanément, on fit une ronde autour de la bête, et l'on dansa, dansa…

Ceux qui avaient des appareils photo s'immortalisèrent sur fond de carcasse, tandis que Richier, tout intellectuel qu'il était, grimpa sur la tête du monstre et fit une galipette.

– Il faut inspecter l'intérieur, s'avisa soudain Ducasse.

Il avait raison, comme d'habitude. On se bouscula autour de la carcasse pour sortir les corps des pilotes. On voulait les toucher, les pincer, ces ennemis qui avaient fait tant de mal. Il y en avait cinq, vêtus de combinaisons noires et de casques calcinés. On les mit en rang par terre. « À vos rangs, ix ! » cria Musson, et les gars rirent comme un seul homme.

Ils n'avaient pas l'air méchants, ces dollars allongés face aux nuages. « Mort aux dollars », cria encore Musson. Il prit son famas et fit une rafale sur un corps inerte. Richier, moins porté au maniement des armes, se contenta d'un simple crachat. Quant à Wagner, il entreprit de fouiller le corps de celui qui paraissait le plus gradé. Il enleva la montre, qui déménagea furtivement à son poignet, et paradait maintenant avec une plaque en aluminium où l'on pouvait lire le nom de l'ennemi ainsi que son matricule.

– Récupérez la radio, ordonna Ducasse. Les munitions non endommagées. Il y a peut-être ses plans de vol. Dépêchez-vous avant qu'il y en ait d'autres.

– Qu'ils viennent, les enfoirés, on les attend, crâna Vasseur.

– Ouais, fit Wolf, on sait comment les mater. À coup de famas dans la gueule, oputain.

Ayant survécu à cette première escarmouche, ils étaient devenus invincibles.

Ducasse – encore lui – téléphona au colonel Dujardin pour lui rapporter la bonne nouvelle.

Le colonel félicita ses hommes chaleureusement. Il leur demanda de poursuivre vers Atlanta en faisant attention. Puis il entra les données de la bataille sous son tableur Excel et envoya une synthèse à l'état-major grâce à une liaison sans fil.

L'état-major eut une pensée silencieuse pour les pertes humaines, toujours regrettables. Et que penser du char Leclerc dont le blindage s'était montré tellement insuffisant en situation de guerre réelle. Une déception supplémentaire. « Ça pénalisera nos exportations », conclut l'état-major. Il y eut à ce sujet de longues discussions au ministère de la Défense qui aboutiraient à de profondes modifications dans la manière d'aborder ce conflit. Mais nous n'en étions pas encore là. Pour le moment, sur le terrain, les Français célébraient leur victoire et cajolaient leurs morts.

## Le Nord et le Sud

*Après le combat, d'un seul jet :*

« Mes chers parents vivants,

Nous avons progressé sur plus de cinquante kilomètres vers Atlanta. On marche sur les bajoues des faubourgs. Partout, on nous accueille sinon avec sympathie du moins avec un intérêt prononcé pour notre position, notre culture.

La résistance armée est faible, même si, çà et là, on croise leurs sinistres hélicoptères. Si vous croyez que nous en avons peur ! C'est mal nous connaître. Dites-leur partout au pays, dites-leur que les hélicoptères des dollars, on s'en torche d'une pichenette. Nous en avons abattu cinq, rien que dans ma brigade. Celui que l'on vous a montré aux infos par le cinéma aux armées, je l'ai abattu moi-même, avec ma section. Il est beau, hein ! Vous avez devant vous le résultat d'une petite rafale de famas sur le plus solide hélicoptère du monde. Que l'on sache bien, c'est ce qui arrivera à celui qui osera s'en prendre aux combattants de la liberté.

Vous écrivez que Jean-Ramsès a été impressionné par notre progression. Tu m'étonnes ! Je pense qu'il se rappelle certains épisodes de notre enfance. Il doit se dire que jamais il ne m'aurait cru capable d'aller aussi loin pour chercher mon bonheur. Cela dit, ce n'est vraiment pas la peine qu'il demande une médaille pour moi au ministère. C'est très, très gentil à lui de me le proposer, et je sais très bien qu'il peut arriver à m'en décrocher une, avec ses relations. Mais c'est la brigade dans son ensemble qui la mérite. S'il tient absolument à faire quelque chose pour moi, ce que je lui demanderais, ~~c'est une permission, ne serait-ce que pour trois jours, ou deux~~ C'EST UNE PHOTO. Le temps de revoir Stéphanie, de la serrer contre moi, de vous embrasser vous aussi, car parfois j'ai l'impression que vous êtes ~~tous morts~~ EN VOYAGE depuis longtemps, et que vos lettres sont générées par un automate informatique. Je sais, c'est stupide, mais c'est l'éloignement et la mélancolie de la guerre qui font ça. Il faut dire que l'on prend beaucoup de cachets ici, des vitamines qui nous aident à supporter la chaleur, le manque de sommeil et même une certaine notion de douleur physique, mais qui perturbent parfois notre vision du monde.

On a ~~enterré~~ CHANTÉ le sergent. La cérémonie était très émouvante. On a fait la *Marseillaise* et la *Prière de l'aspirant*, bien qu'il n'ait été que sergent. Puis on a lâché le sac plastique contenant le corps. La terre étrangère l'a happé, enfin « terre » n'est pas le bon mot car on est dans un terrain très sablonneux, marécageux, putride par endroits, simplement pourri. Dieu sait ce qu'il adviendra de ce corps valeureux. Les crocodiles le dessableront et en feront une fiesta. On ne pouvait le traîner jusqu'à Atlanta. C'était très bête de sa part de mourir ainsi, et pour ne pas pleurer j'ai pris mon famas et j'ai tiré en l'air. Chaque soldat a fait un serment. Moi j'ai pensé très fort à une certaine forme de vengeance. Par association d'idées, à l'autre pistache d'oncle Abe qui se la coule douce parmi les dollars alors que moi, j'en suis à ramasser les membres du sergent éparpillés parmi les fourrés, et que vous, mes très chers aimés, souffrez du rationnement.

À ce propos, je suis très content que Jean-Ramsès s'occupe de vous améliorer l'ordinaire, grâce à ses relations. C'est un bon copain. Il y a un type, ici, un certain Richier, qui lui ressemble pas mal dans sa façon d'aborder les problèmes, toujours à construire de grands ponts invisibles qui ne servent à rien. Bon, j'exagère, c'est utile parfois.

La semaine dernière, on nous a distribué une petite brochure destinée aux habitants des pays que nous traversons, la Floride, la Géorgie, etc., où l'on explique pourquoi le Sud confédéré doit devenir indépendant du Nord, ce Nord yankee, inculte et intéressé par l'exploitation économique des pauvres. Je te passe les détails mais c'est très bien formulé, avec un paragraphe spécial sur les efforts de la France en ce sens, la France qui à l'époque de la guerre de Sécession avait déjà compris toute la nature hypocrite de l'État dollar, lequel État, qui n'a d'État que le nom et qui ferait mieux de s'appeler Barbarie, je cite là de mémoire, lequel État, sous prétexte de libérer les ~~négros~~ TRÈS NOIRS, voulait mettre ses pattes crochues sur le pétrole et les champs de coton. Je peux te dire que les gens d'ici ont été très très réceptifs. Ils écoutaient Richier leur réciter le topo en dialecte dollar, ils applaudissaient. Certains allaient chercher des vivres cachés au fond des caves pour nous les offrir. Notre progression en zone urbaine en a été grandement facilitée.

Le flegmatique caporal Ducasse est devenu sergent. Je ~~ne~~ l'adore ~~pas~~, ce Ducasse – jamais une émotion chez lui, rien que du rationnel –, mais on voit qu'il connaît le métier. C'est lui qui me demande maintenant d'arrêter d'écrire car on a une journée à la dure demain, avec une attaque qui promet. Je vous quitte donc, sans oublier de dédicacer à Steph une chanson, l'*Aziza* de Daniel Balavoine, surtout le deuxième couplet, *je te veux si tu veux de moi*, etc. Pourquoi ne m'a t'elle rien envoyé depuis *Il jouait du piano debout*, ça fait maintenant deux semaines ? Faut dire qu'on ne s'en lasse pas. France Gall, c'est top de chez top. Elle produit une grande impression ici, quand je la fais écouter à des prisonniers, comme nous y encourage le commandement. Ils ont la bouche qui en tombe. Ça les change de Britney Spears, qu'elle soit maudite où je pense !

Je vous embrasse.

Wolf. »

## Chez l'oncle Walt

Pourquoi avait-on ainsi la sensation d'avancer alors que les paramètres extérieurs, la vitesse, les positions respectives des immeubles, le sifflement du vent aux oreilles, tout nous indiquait que l'on marchait à reculons ? On entrait dans la roulotte du capitaine, son visage plat comme une carte d'état-major se projetait devant nous, on se mettait au garde-à-vous protocolaire, et l'on recevait l'ordre suivant :

– Guillemot, vous allez me prendre une vingtaine de morons et vous vous zappez à Disneyland, Orlando.

– Oui, mon capitaine.

– Vous vous êtes rasé avec une biscotte.

– Non, mon capitaine.

– Vous savez ce que vous avez à faire.

– Oui, Orlando est à deux cents kilomètres au sud de notre position.

– Vous savez ou vous savez pas.

– Je sais, mon capitaine. Et le reste de la compagnie ? Le sergent Ducasse ?

– La région est sécurisée par un escadron de gendarmes mobiles. Vingt hommes devraient suffire. Exécution. Ah oui, Guillemot !

– Oui, mon capitaine.

– Vous êtes promu caporal. Passez prendre un velcro à l'intendance.

On sortait de la roulotte, on jetait un dernier regard sur son visage plat où était inscrite en caractères incompréhensibles une partie de notre avenir, on marchait en oscillant comme un point d'interrogation vers les habitations réquisitionnées où logeaient les sans-grade.

– Morisot. Furtier. Badulot. Nimier. Josse. Vasseur. Pusard. Noussot. Klein. Zannussi. Le Goïc. Ouazazate. Matuska. Richier.

– Présent.

– Fais pas ton intello. Douze, treize, quatorze. Encore six. Wagner. Li Tuc. Musson. V'nez là. Barbier. Jarnac. Tavernier. V'nez là qu'on vous dit.

– La lettre à ma mère.

– On l'encule, ta mère, on part à Disneyland.

– Ouah !

– Richier, tu me prends la brochure numéro deux, « Lutte contre l'hégémonie culturelle ».

On comprenait soudain que même si l'on partait plus de deux cents kilomètres au sud, le destin, lui, resterait soudé à notre personne comme le nez à l'entrejoues. On aurait beau secouer le corps dans toutes les directions, le destin, ce pot de colle, mettrait un malin plaisir à nous suivre, pire, il nous précéderait d'une poignée d'instants à la seule fin de nous narguer et de dégager le terrain pour nos lâchetés futures. Ainsi les tirs de mortier préparent le terrain à l'infanterie.

Comme on approchait de la porte rose du pays des rêves bleus, le grenadier Tavernier, s'avançant à découvert tel un vulgaire touriste, se prit dans l'œil une balle venue de nulle part. Il resta immobile quelques instants comme s'il hésitait entre deux attractions, son famas trembla de possibilités inassouvies, et son tronc, un peu désarticulé, s'affaissa. Sur son visage se lisait la ferme résolution de ne plus bouger.

Aussitôt la section se plaqua derrière des abris de fortune. Musson se mit dans la maison de Porcinet d'où il contrôlait l'avenue des Abeilles sur cinquante bons mètres avec une visibilité de 8/10. Li Tuc, favorisé par sa petite taille, se logea derrière l'énorme statue d'Indien. On vit son famas gigoter derrière le calumet de la paix. Ils restèrent ainsi de longues minutes baignant dans la musique à la guimauve qui coulait des haut-parleurs. Comme par un fait exprès, personne ne venait.

En chef de section avisé, Wolf comprit qu'ils pourraient rester des heures sans résultat. Il fallait dévisser le tireur isolé, et rapidement, si l'on devait neutraliser le parc avant la tombée de la nuit. Il croisa le regard de Badulot, et lui fit signe d'y aller. Où ça ? gesticula Badulot, toujours un peu lent. Là-bas, abruti, firent les doigts de Wolf en montrant la place du Pot-de-Miel où gisait Tavernier.

Badulot n'était pas très chaud. Il n'avait jamais été très Mickey. Il se serait bien passé de Disneyland. Il aurait préféré un parc aquatique ou, mieux, une réserve naturelle dans un pays comme le Canada, bien froid et sec, avec des animaux sauvages à observer à la jumelle et des feux de camp à la tombée de la nuit. « Pourquoi moi ? » fit-il en pointant son index vers sa courageuse poitrine. Wolf montra son velcro de caporal et fit un bec d'autruche avec sa main : « Ta gueule. » Badulot n'avait pas le choix. Il quitta le trou douillet de Coco Lapin et s'engagea résolument vers la porte rose qu'il prit dans le viseur. *Who's afraid of big bad Wolf, big bad Wolf, big bad Wolf*, chantait la radio, et Badulot se demanda si les dieux ne se payaient pas sa tête.

Poum, même pas fort, un poum de rien du tout, suivi par un doublé, poum-poum. Badulot se crispa autour de son ventre comme s'il était devenu lui-même un énorme estomac et rien qu'un estomac. Il se plia en deux et se coucha à côté de Tavernier.

– Ça vient de la cabane à Bourriquet ! cria Wolf.

Ce fut un soulagement. Musson pivota son famas et aligna la porte de Bourriquet par une bonne douche froide. Li Tuc se chargea des fenêtres, ce qui permit au grenadier Nimier de placer une superbe offensive à la deuxième vitre.

– Allez, on y va, commanda Wolf, tandis qu'un début d'incendie faisait hurler une sirène d'alarme toujours prête à se faire remarquer.

L'assaut fut rondement mené et le cadavre tiré par les pieds. C'était un des vigiles du parc.

Sa main serrait un fusil de rien du tout. Ce ridicule engin à canon court servait d'habitude à impressionner les mauvais jeunes, guère plus. Jamais il n'aurait dû faire mouche à si longue distance. Quant à savoir pourquoi il avait tiré... Stupide accident de guerre. Partout, dans la cabane de Bourriquet y compris, était accroché un avis à la population appelant à la retenue et à la courtoisie envers les troupes d'occupation.

– Je crois qu'il avait une dent contre la France, dit Musson.

– Non, moi, je pense qu'il aurait tué de toute façon, dit Richier. C'est un psychopathe comme les zones suburbaines des dollars en produisent en série. La banalisation de la violence par les médias génère la violence.

À cet instant, Badulot émit un grognement de vivant.

On mit le bougre en position latérale de sécurité et on lui administra une pastille jaune.

– Ce n'est même pas une balle de guerre, cracha Wolf en défaisant le ceinturon du valeureux soldat. Si c'est pas malheureux !

Il tripota le treillis collant de sang et de tripes pour y placer un gros pansement blanc.

Badulot émit des gargouillis décourageants. Le ventre coulait et coulait. Bientôt le pansement fut dépassé. Personne ne savait comment s'y prendre. On finit par décapsuler une pastille orange et Wolf ordonna le rassemblement :

– Faut pas oublier l'objectif, les gars. On est là pour les prospecter avec le texte.

– Je vais les buter, dit calmement Wagner. Pour Badulot, pour Tavernier. Les ordures.

Les autres étaient plutôt d'accord avec Wagner. Wolf mesura leur mécontentement à la vitesse avec laquelle ils encerclèrent le bâtiment de la direction. La radio chantait *Dors douce abeille* en version dollar. Wagner dégoupilla une offensive et la mit en plein second étage. La sirène hurla à nouveau, les people s'affolèrent, un drapeau blanc fabriqué avec un t-shirt de fortune s'agita dans l'embrasure.

Le type criait des trucs que personne ne comprenait. Il essayait de sourire tout en levant très haut les bras. On aurait dit qu'il voulait leur offrir un nuage. Wagner le cueillit par un bon coup de tatane dans le plexus. Le type se recroquevilla devant eux.

– Sortez, il ne vous sera fait aucun mal, cria Wolf.

Comme ils hésitaient, il fut obligé de préciser :

– Eh, si vous ne venez pas à trois, on vous remet une offensive.

– Ils ne parlent pas français, remarqua Richier.

– T'as qu'à leur parler en dollar qui va bien.

Richier s'éclaircit la gorge et baragouina un truc.

Ils sortirent lentement, en gardant leurs distances, les mains levées, le regard fuyant, leurs badges Mickey pendus pitoyablement sur des vestes étirées.

– Une vraie collection de bouffons, dit Richier.

– Dis-leur, à ces enfants de gouine, que leur vigile est un pédé, que le président des dollars est un pédé, que Mickey est un pédé.

Richier traduisait. Les prisonniers avaient l'air confus.

– Demande-leur de répéter… « Pédé ». Plus fort… « Vigile – pédé ». En chœur !

Ils répétaient, approximativement, les sons demandés.

– Répétez, « Président – pédé », « Mickey – pédé ». Plus fort, j'entends rien… Votre pédé de vigile, on l'a buté pa'ce qu'il a tiré sur les combattants de la paix, et l'on devrait vous faire la même chose, pédés. Dire qu'on est venus avec les meilleures intentions, cette envie qu'on avait de partager de la culture française avec vous, et vous qui nous accueillez avec des balles…

Touché par ce discours, Wagner arma son famas.

Dieu sait ce qui serait arrivé si un type tout jeune n'était sorti du groupe, un peu nerveux. Il s'inclina très respectueusement, à l'orientale, et il dit, dans un français impeccable :

– Je tiens à vous assurer, cher monsieur, de l'assurance de ma considération distinguée.

Le commando resta interdit. On regardait le type comme s'il était tombé de Mars. Il profita de l'effet de surprise pour ajouter :

– Au nom de toute la compagnie Disney, nous accueillons avec joie les représentants du grand peuple français, peuple des Lumières, peuple éclairé avec lequel nous aimons toujours discuter. Sachez que le souvenir de La Fayette est vibrant dans nos cœurs. Jamais nous n'oublierons votre magnifique cadeau, la statue de la Liberté, qui nous montre le chemin des Droits de l'Homme.

– Comment il te cause, la tapette, siffla Wagner.

Il en oubliait ses principes meurtriers.

– Il va sans dire que nous regrettons infiniment le comportement de certains membres de notre personnel. C'est inqualifiable, tout simplement impardonnable. Nous vous présentons nos excuses et serions ravis si vous acceptiez un dédommagement. Que diriez-vous d'une carte d'accès gratuite pendant un an, valable sur toutes les attractions du site ?

Les hommes semblaient tentés. Wolf dit de sa voix de chef :

– La culture française n'est pas venue faire du tourisme. La culture française a un message pour vous. Dis-leur, Richier.

Richier sortit la brochure.

– « Suppôts du dollar très arrogant, lut-il d'abord en français puis, péniblement, en jargon dollar en improvisant beaucoup, nous sommes fiers de vous annoncer les dispositions nouvelles prévues dans le cadre de la loi de lutte contre l'hégémonie culturelle. Sont concernés les produits de grande consommation d'origine dollar, icônes sournoises dont la finalité est la domination du monde, à savoir Levi's, McDonald's, Nike, Disney... » Nous y voilà. Je ne vous sors pas la liste en entier, on y passerait la soirée. « Tous les produits ou services précités visent à l'uniformisation des consommations à une échelle mondiale au détriment des produits locaux traditionnels. » C'est tout vous, ça, nous sommes d'accord. Pas la peine de nier, il y a là un paragraphe, attends... « Que pouvaient faire Bécassine, Bibi Fricotin, les Pieds Nickelés contre le rouleau compresseur Disney ?... » Oui, que pouvaient-ils faire ? « On ne leur laissait que le droit de mourir sur les étagères poussiéreuses des antiquaires. Même Babar, le grand Babar qui a bercé l'enfance de plusieurs générations, Babar, l'éléphant libre, perd des points contre le monstre Dumbo, cloné à l'infini au cinéma, à la télé, dans les librairies par l'effroyable machinerie marketing rodée comme du papier à musique. L'engin à décerveler broie Babar. Ce que vous avez fait est un crime contre la culture. » Alors, on fait moins le fanfaron, hein ?

Les dollars n'osaient pas regarder Richier dans les yeux et fixaient lamentablement les fleurs d'asphalte à leurs pieds.

– Bon, la marche à suivre est la suivante. « Les personnels travaillant dans ces usines à intox sont invités à démonter leurs outils de production. Ils seront encadrés dans cette tâche par des représentants compétents des hommes libres. » Voilà. Je crois que c'est clair. Le tout est de procéder avec méthode.

Comme son public manquait d'entrain, Richier prit sur lui la responsabilité de sortir un pistolet automatique. Il s'appliqua à vider le chargeur sur un bas-relief de Mickey et Minnie, en résine époxy, époque 1985, qui ornait l'entrée du bâtiment.

Les employés roulèrent de gros yeux apeurés.

– Allez, on s'y met tous, cria Richier. Ne restez pas plantés là comme des échardes. Vous avez bien des outils quelque part. Je ne veux pas être le seul à bosser.

La locomotive mit du temps à démarrer. Les employés traînaient la patte. Certains faisaient semblant de ne pas comprendre ce que l'on demandait. À ceux-là, Wagner donnait des cours particuliers et ça finissait par rentrer. Il était très doué pour la pédagogie. Très peu d'employés furent mis en situation d'échec et abattus en pertes et profits.

La plupart, une fois la période de rodage passée, ne se firent pas prier. Le jeune homme qui parlait français montra l'exemple et s'acharna sur un présentoir du Roi Lion avec un dynamisme qui forçait le respect. Comment qu'il tapait avec ses petits pieds !

Dans les bureaux, on trouva une batte de base-ball. Les dollars devaient y jouer quand le système capitaliste leur permettait de prendre du temps libre. D'un maniement très simple, la batte avait une consistance parfaite pour exploser l'époxy et le plâtre résineux. On économisait de nombreuses cartouches.

Pour les installations sophistiquées, comme les cabines de Space Mountain ou la statue de Peter Pan en béton peint, de style 1990, il fallait davantage qu'une batte. Avec la meilleure volonté du monde, on ne pouvait y arriver à mains nues. Heureusement quelqu'un dénicha un hangar avec des engins de chantier.

Les moteurs ronflèrent joyeusement. Le travail véritable pouvait commencer. Ce fut pour tout le monde l'occasion d'oublier les dures journées de combat, les camarades perdus à jamais, les frustrations face à la hiérarchie. Les villages tombaient en poussière les uns après les autres.

Dans la boutique de la rue principale, ce fut une vraie fête, un ouragan.

– En avant, les iconoclastes ! hurlait Richier tandis que le feu léchait les Aristochats entassés pêle-mêle.

Ainsi tombent les empires. L'ordre nouveau effaçait le nom de l'ancien pharaon. Sa puissance passée se mesurait en tonnes de détritus qui s'entassaient dans le temple. Son dieu impuissant regardait la déferlante de colère, se demandant combien de siècles passeraient avant qu'un archéologue érudit ne se penche sur les petits bouts d'oreilles noires, de nœuds roses réduits en poudre, des becs jaunes ecchymosés, pour les dégager des alluvions du temps, les assembler et tenter une interprétation sur leur utilité.

Quand les bras ressentirent les tiraillements de la fatigue, et que l'on pouvait sans honte contempler les tas fumants de travail bien fait, Wolf ordonna le repli. Il avait pour consigne de dégager avant la nuit car on craignait les embuscades.

On marchait en silence. Les souvenirs cimentaient.

– Winnie l'Ourson, Winnie l'Ourson, entouré de tous ses compagnons, la-la-la, chantonnait Musson.

– Ma grand-mère la pute, je ne savais pas que Richier causait dollar, dit Wagner pendant que le crépuscule gommait leurs silhouettes.

Richier rougit de plaisir.

Wagner attrapa son avant-bras, le serra très fort et chuchota en articulant pour être bien compris :

– Pas de presse-couilles avec moi, l'intello. Tes petites salades en dollar, je les ai à l'œil.

Ce langage un peu lourdaud mit Richier mal à l'aise. Il en fut chagriné toute la soirée et mangea sa ration sans grand appétit. Heureusement, pour le réconforter, Wolf le prit à part et lui demanda sur le ton de la confidence :

– Fais-moi rêver, Richier. Parle-moi de Babar. Raconte-moi comment ils étaient, les héros de ton enfance.

Telle une jeune fille qui rajuste son collant, le ciel se voilait de nostalgie qui nous venait du néolithique.

## Elvis est mort

*Jeudi 14 juin, 17 heures 30, campement d'Orlando :*

« Mes papa et maman,

Tout va bien pour votre caporal. Nous poursuivons avec minutie l'action pédagogique sur le terrain. Partout, nous essayons de sortir les dollars de leur aveuglement culturel qui les fait s'agenouiller devant des idoles aussi ridicules que Superman, Rambo ou Elvis. »

*Vendredi 15 juin, après-midi, camion Renault, en route vers le poste de commandement :*

« À propos de ce ~~gros porc~~ LARDON, je tiens à saluer l'action de la 2e brigade parachutiste qui a pris les devants et a lancé une action commando sur Memphis, Tennessee, alors même que la région n'a pas été sécurisée. C'était prendre un risque énorme pour leur peau, mais ce risque a payé. En détruisant un des sanctuaires du dollar, nos soldats ont fondamentalement sapé le moral aux troupes adverses. Je corrige car nos soldats ne se sont pas contentés de détruire bêtement, comme l'auraient fait ceux d'un autre pays que la France, même si Graceland, avec son kitsch rose, ne mérite pas autre chose. La foi de l'homme a horreur du vide, dit Richier. Le dollar ne fait pas exception. Alors après avoir cassé des milliers de statuettes Elvis, quand la demeure a été nette de sa présence de grosse graisse, nos soldats se sont demandé : et si l'on mettait à la place un artiste bien de chez nous ? Certains ont proposé Johnny, d'autres Jacques Brel ou Édith Piaf, pour l'instant l'affaire n'est pas tranchée, il faudra une décision du haut commandement. »

*Ce même jour, avant l'extinction des feux, dans l'odeur de la pastille violette :*

« Ne pas détruire, substituer. Tel est le mot d'ordre, et ça marche. Signoret à Monroe, Douillet à Schwarzenegger, le jambon-beurre au Big Mac. Bien sûr, de temps en temps, on tombe sur des difficultés. Personne n'est à l'abri d'un forcené, surtout dans ce pays au climat si démesuré. Parfois des fanatiques de tel ou tel héros de la sous-culture dollar opposent une résistance farouche. Ceux-là, on est bien obligés de les convaincre par la force. La plupart, heureusement, se convertissent tout seuls assez vite. Je sais qu'une bonne moitié d'entre eux le font par pragmatisme, ce bon sens si instinctif aux dollars. À quoi bon lutter, disent-ils, verser du sang, pour une idole galvaudée ? Ne vaut-il pas mieux adopter un artiste français, ne serait-ce que pour établir de bonnes relations commerciales avec l'occupant ? Évidemment, la valeur de ces convertis opportunistes n'est pas élevée. Mais une grande proportion se laisse convaincre par la puissance de notre culture. Notre pays est resté pour eux une sorte de référence. La Fontaine, Bossuet, Rousseau ne sont pas des nains de jardin. Et même si les dollars ne comprennent pas les paroles de nos chansons ou les prouesses de nos artistes, ils ne peuvent s'empêcher d'admirer la détermination de nos soldats qui risquent leur vie pour leur porter la culture par-delà les océans. Le sang versé est une preuve inestimable de sa légitimité. »

*Samedi 16 juin, à l'aube, après une nuit blanche :*
« Elvis contre Johnny – le combat n'aurait pas déplu à Jean-Ramsès. C'est vraiment gentil à lui de prendre soin de vous, mes très chers. Si vous saviez comme je souffre de vos privations. Comment fait maman sans sa confiture de cerises qu'elle aimait tant ? Elle doit être bien malheureuse. Et les vêtements ? Je n'ose imaginer sa frustration devant les vitrines vides. A-t-elle pu faire réparer mon ancien imperméable qui traînait à la cave ? Pourvu qu'ils en viennent pas à rationner le

savon. Tenez bon. Après la guerre viendra le temps des vaches grasses, je vous le promets. N'en parlez pas trop autour de vous, car la chose n'est pas jouée, mais je pense qu'on fera payer des réparations aux dollars pour l'exploitation des peuples opprimés. Il faudra qu'ils assument la responsabilité du conflit. Ils en ont les moyens. En attendant, dites à ma biquette de ne pas hésiter à solliciter Jean-Ramsès. Avec les relations qu'il a cultivées au ministère, il doit pouvoir se procurer de beaux morceaux. Je dis ça sans aucune espèce d'aigreur, croyez bien. Je ne l'envie en aucune façon. Tout avantagé qu'il est pour la nourriture, il ne connaît rien du plaisir de faire courir l'Histoire. Ici, on a vraiment l'impression d'être au bon endroit au bon moment. Il s'affole, l'ordre établi, je vous le garantis. Pas habitué, l'ordre établi, qu'on le traite de cette façon. Le boulot, c'est quand même nous qui le faisons. C'est d'une grande satisfaction. C'est de l'aventure. On peut tout perdre sur une balle égarée. On risque beaucoup pour un idéal au lieu de nous planquer sous des titres ronflants, des diplômes, des relations. »

*11 heures 30, Richier prépare du café :*

« Richier, notre intello local, même s'il est ridicule avec ses muscles – on dirait des yorkshires –, Richier participe avec ses tripes bien concrètes à l'effort national sur le terrain, alors que ses aisances auraient pu lui trouver un poste pépère dans un quelconque ministère de l'Information. »

*16 heures, toujours pas de nouvelles du commandement. Wagner lance des cailloux dans une boîte de conserve. Musson refuse de prêter son baladeur radio-shark :*

« Je ne comprends pas pourquoi Jean-Ramsès ne m'a toujours pas obtenu de permission. Vous écrivez qu'il travaille beaucoup, qu'on le voit aux informations et dans les pages des journaux consacrés aux gens débordés, je veux bien, mais il peut quand même trouver une minute pour passer un coup de fil, un seul coup de fil, pas dix mille, à son collègue du ministère des Armées. Il prétend que c'est « compliqué », qu'il est « charrette », que « la demande suit son cours » : je reconnais bien le langage des ronds-de-cuir qui paralyse les meilleures volontés. »

*Dimanche 17 juin à midi, après avoir essuyé des tirs de mortier et déménagé le campement. Discussion autour d'une ration. Vasseur : « Je n'ai pas changé depuis l'incorporation, sauf ce casque qui me tond la calvitie. » Wagner : « Je 'siste tant que j'peux, mais je crois qu'on a changé, obonhomme, grave changé. » Musson se cure les dents avec l'ongle du pouce :*

« Je ne peux vous quitter, mes très chers, sans vous envoyer comme de coutume une chanson à fredonner en pensant à moi. Pour maman, ce sera *Le téléphone pleure*. Pour papa, *Le Zizi*, version unplugged, qu'un copain m'a téléchargé sur armees.fr/pierre-perret/zizi. Et pour ma Stéphanie de platine, le classique de chez classique, *Ne me quitte pas*. Pourquoi ne m'écrit-elle plus aussi souvent qu'auparavant ? Je sais que sa vie ne doit pas être en bouquet de jonquilles, avec un fiancé au front dont on ne connaît pas la date limite. Si elle savait comme ses lettres me tiennent le moral ! Dites-lui, SVP, que j'ai tellement besoin d'elle, ici, au milieu des instincts militaires qui sont parfois tellement bruts de fonderie.

Votre Wolf. »

## Nostradamus

Dans son carnet, Richier avait noté la pensée suivante :

« Deux nations en colère ne suffisent pas pour faire une guerre. Il faut en plus un sentiment d'invulnérabilité. Qui en donne mieux que la culture ? » La sentence était soulignée trois fois, comme si Richier avait trouvé là une formule magique à ne pas oublier dans les prières du soir. Suivaient de longues explications absconses qui rendaient le raisonnement de Richier tellement flou que l'on avait l'impression de lire à travers un gros savon translucide.

Néanmoins la pensée richienne servait à amuser ses camarades qui ne se privaient pas de cacher son carnet ou de faire semblant de le bazarder dans le feu de camp. De fait, sa couverture portait de grosses taches de cramé, n'affectant en rien le précieux contenu mais témoignant de ces moments de détente virile.

L'encadrement voyait ces jeux innocents d'un très bon œil, estimant à juste titre que les hommes avaient besoin de soupapes pour oublier les dures journées de combat. Par de courtes remarques flatteuses, le sergent Ducasse poussait Richier à écrire davantage. Parfois, il demandait que l'auteur lui-même lût à haute voix quelques-unes de ses réflexions, et se permettait d'acquiescer ou de porter la contradiction. La conversation s'envolait alors vers de très hautes sphères inaccessibles aux mortels, et il n'était pas rare que l'on entendît les noms baroques de Barthes, Deleuze ou Lévi-Strauss illuminer le propos.

Ceux qui se piquaient d'avoir leur bac + 3 ne manquaient pas de les rejoindre et écoutaient, le visage grave. À la fin, ils posaient une question, toujours la même :

– Lacan ou pas, fait-on la nique aux dollars ?

Richier les regardait avec des yeux au ciel et reprenait son explication érudite depuis le début.

Un jour, pendant l'homélie traditionnelle, tandis que le feu de camp s'éteignait tranquillement sous la grandeur des ténèbres, Richier fit une découverte. Il s'arrêta de prêcher et dit :

– Il y a vingt ans, personne n'aurait cru notre guerre possible. Personne, pas même le pape ou Nostradamus. Cependant, si l'on regarde le cheminement de l'actualité pendant ces vingt dernières années, on s'aperçoit que c'est tout à fait logiquement que l'on est parvenu à cette situation. L'engrenage des événements a été implacable, prédestiné. Les envies de guerre se sont cristallisées. Dans vingt ans, un manuel d'histoire trouverait parfaitement naturel que notre guerre ait éclaté précisément à l'époque où elle a éclaté, pas un an plus tard, ni plus tôt. Qu'un historien du futur se penche sur notre sort, alors que nous stagnons depuis un mois aux portes d'Atlanta sans avancer d'un pouce, et il n'aura qu'un mot à la bouche : « C'était parfaitement logique et prévisible, car autour d'Atlanta s'est concentrée la résistance des dollars face à l'armée des hommes libres. »

– Putain d'historien, dit Wagner en remuant les braises avec un couteau.

Il attendit que celui-ci fût chauffé à point, puis il attrapa le bras de Richier qui ne se doutait de rien et appuya la lame. Richier hurla un bon coup. Les camarades furent partagés entre fou rire et indignation. Le sergent Ducasse consigna Wagner aux travaux de déminage.

– Il est juste qu'il soit blessé, l'intello, marmonnait Wagner les jours suivants en fouillant le sol avec une longue tige.

On aurait dit qu'il fécondait la Terre.

## L'honneur est sauf

Il y eut aussi la traditionnelle scène de viol.

La journée avait été tranquille et les hommes n'étaient pas méchants. Le matin, Wolf avait reçu une chanson de Stéphanie, *Nougayork* de Claude Nougaro, qu'il fredonnait tandis que la section se déployait dans le faubourg sud d'Atlanta, enfin sécurisé après un long bombardement. L'après-midi, on leur demanda de prendre position sur un immeuble. Et là, au dixième étage, à la faveur d'une porte entrouverte, comme par un fait exprès, ils tombèrent sur deux poulettes, dix-sept, dix-huit ans, seules dans leur grand appartement rempli de posters.

– Mazette, fit Richier, c'est des Matisse, des Picasso.

Il s'arrêta dans le couloir pour palper les reproductions.

Les poulettes n'avaient pas l'air partageuses. Elles criaient des trucs en dollar, avec des gestes d'intolérance. Alors Musson leur dit :

– Sei gesund, ich bin ein Berliner, nous sommes amis. Moi – ami, tu comprends ? Wolf, ami. Nous, Français. Frenche. Verstehen Sie ? Lentilles au lardons, le bon vin bien de chez nous, le Tour de l'île, Marcel Marceau, frenche quoi... Elles comprennent rien, les fientes de leur race... Mais arrêtez de gueuler, on n'a pas la gale. Vous – pas gueuler. Nicht schreien. Vous – chuuut... Recule, Wagner, tu vois bien que tu lui fais peur.

Le bon soldat fut outré.

– Que moi je lui fais peur ?... J'te fais peur, pétasse ? J'te fais pas peur. J'te fais peur, joconde ? Voyez voir ces chochottes, peur d'un soldat français. Le comble. Alors qu'on est là pour les aider. « Soldats de la paix », ça ne vous dit rien, mochetés ?

– Arrête de jouer au dur, Wagner, intervint Wolf. Ce n'est pas pa'ce qu'elles sont dollardes que t'es en droit de les insulter. D'ailleurs, le petit ensemble lui va très bien, à la rouquine.

Mais Wagner ne se calmait pas. Il serrait les filles dans un coin de l'appartement tout en lançant de grands discours patriotiques.

Quelques tirades plus tard, il fallut se rendre à l'évidence : Wagner l'avait dure comme une molaire, et il n'était pas le seul. La démangeaison avait saisi les hommes libres. Wolf lui-même avait dans la tête certaines visions de Stéphanie mélangées à des morceaux d'Antillaises.

Les dollardes ne les aidaient pas non plus. Elles se tortillaient dans leur délicat appartement tout décoré, elles frôlaient les soldats qui n'avaient pas baisé depuis la Guadeloupe, elles faisaient crier leurs jolies voix, et plus elles se mettaient en colère, plus les hommes s'échauffaient.

On trouva une chambre à coucher, un lit de deux mètres vingt *king size*. On se bouscula pour y plonger en poussant ses conquêtes. Des mots durs furent alors échangés, peut-être même quelques gifles. La parade nuptiale fut réduite au strict minimum. On aurait dit que personne dans cette pièce n'avait pris la peine de lire le remarquable *L'Art de séduire les femmes* de la regrettée D.J. Lawrence. Seul Richier, désavantagé par sa carrure peu athlétique, hésitait à sauter les préludes sur lesquelles l'éminente chercheuse insiste dans son ouvrage. Mais de quels préludes pouvait-on parler, s'il y avait sept soldats pour deux filles ? Les mathématiques ne collaient pas. Et Richier de philosopher sur le pas de la porte :

– Le désir n'est pas réparti uniformément entre les sexes. Si les femmes avaient autant envie que nous, le monde serait un vaste lupanar.

Soudain Wagner s'arrêta de malaxer :

– Qui peut me prêter une capote ?

Les hommes se regardèrent, surpris. Personne n'y avait songé. Wagner secoua la fille :

– Où sont tes capotes, comment tu dis déjà, protection, small protekcheune – où ?

Aurait-il voulu insinuer que la responsabilité de la contraception incombait à la femme qu'il ne se serait pas pris autrement. La fille écarquillait, elle se demandait s'il fallait profiter de ce moment de répit pour crier davantage.

– Moi, désolé, sans capotes je peux pas, dit Wagner, et il jeta la fille sur la moquette comme si elle était un sac rempli de bactéries.

Les autres, vaguement impressionnés par une conduite aussi intransigeante, ralentirent leur besogne. Pour certaines choses, Wagner était une référence. Peut-être que le doute les effleura aussi, la saine peur du microbe, et l'on aurait pu dire que les campagnes du ministère de la Santé n'avaient pas été perdues pour tout le monde.

– Bon Dieu, qu'est-ce que vous fichez là ?

C'était la voix placide du sergent Ducasse. Il venait d'entrer dans l'appartement avec le reste de la section. Ce fut comme si on avait plongé sept érections dans un jet d'eau glacée. L'atrocité de la guerre devint soudain palpable.

Le sergent vit les deux filles vêtues de lubricité et il comprit aussitôt la teneur des événements.

– Rien de bien méchant, chef, dit Musson en se rajustant.

– C'est elles, sergent, qui nous ont provoqués, dit Wolf.

– Éros et Thanatos sont les deux substances qui régissent le cosmos, plaida Richier.

Le sergent ne fut pas spécialement ému. Il constata qu'il n'y avait pas eu pénétration, et il en fut visiblement soulagé. Slips déchirés et poitrines frictionnées : on n'en ferait pas un cinéma, semblait-il dire.

– Ouste, dit-il calmement. On nous attend sur le toit pour paramétrer l'antenne parabolique.

Les soldats se précipitèrent, un peu fayots, contents d'avoir échappé à l'irréparable.

– Y n'étaient même pas belles, grommelait Wagner comme pour se justifier.

Et pendant que l'on calait l'antenne sur les fréquences de France Télévision, on n'était pas peu fiers d'avoir à ses côtés ce brave sergent Ducasse qui venait de sauver l'honneur d'une section.

## Une demande de permission

*48 heures sans dormir, terré dans une grange. Les températures sont de cinq à dix degrés au-dessus des moyennes saisonnières :*

« Chers parents,

La France avance. Le nord de la Géorgie a été sécurisé avec des pertes de l'ordre de 10 %, ce qui constitue une performance remarquable. Hélas, notre section a payé un lourd tribut. Vasseur n'est plus. Morisot a été sérieusement blessé par un éclat aux jumelles. Il hurle la nuit quand la pastille jaune n'agit plus. Il s'agite tellement qu'on a l'impression d'être touchés nous aussi. On ne peut s'empêcher de contrôler la marchandise. Alors on dort mal et l'on fait des rêves abominables. C'est ridicule et très humiliant.

Autre incident : Li Tuc s'est retrouvé avec des centaines de petits morceaux d'obus, chacun pas plus gros qu'une agrafe, partout dans sa peau jaune. Le médecin dit que ça ne partira jamais, c'est comme un tatouage. Je l'ai pris en photo pour mon album de souvenirs. Il n'arrête pas de se gratter, parfois jusqu'au sang. Il faut lui mettre des moufles. Pas commode par cette chaleur. Il nous insulte en oriental, il nous crache à la figure, il se débat comme un dragon, mais les ordres du médecin sont les ordres : on l'attache au lit. Calmos, lui dit-on, au moins tu es le mieux armé génétiquement pour supporter cette fournaise.

J'ai parfois l'impression qu'ils nous auront à l'usure. On a beau être plus motivés, ça ne suffit pas. On rame dans leurs espaces démesurés. Dans les zones que l'on croit sécurisées, on tombe toujours sur des débris de l'ancienne économie. Les drogués de la société de consommation, les nantis, les parasites de la finance et tous les privilégiés du régime passé souhaitent nous voir mâcher le marais. Les fanatiques se sont organisés en guérilla. On est constamment harcelés sur nos lignes arrière. On dirait que les dollars ont pris des leçons de résistance armée chez tous les peuples qu'ils ont eu sous la botte. Heureusement, la majeure partie de la population n'est pas hostile à notre présence. Ils aiment bien l'idée de recueillir les conseils d'un peuple éclairé. On reçoit de nombreux témoignages d'estime quand on leur parle des grandes idées humanistes qui fédèrent la France : l'abolition de la peine de mort, les restrictions au port des armes, la séparation de l'Église et de l'État, etc. Richier pense que c'est parce que les dollars n'ont pas d'Histoire. Ils bavent devant nos épais manuels et nos cinquante mille ans d'existence. »

*La ration de pastilles vertes est doublée. Richier : « Morisot, pauvre Morisot, pauvre Morisot. » Wagner : « J'aurais dû lui mettre, à la rouquine, dans son référendum, à la garce. » On attend les renforts. Toujours très chaud et humide :*

« Sympathie ou pas, aucun moyen d'approcher une dollarde. Elles sont très farouches. Je ne comprends pas. Est-ce leur puritanisme indécrottable qui se manifeste ainsi ou leur patriotisme débile ou leur manque de savoir-vivre, bref, il est impossible de vider l'ecchymose. Le sergent Ducasse nous tape dans les bretelles pour nous rappeler que le ~~viol~~ BISOU peut être passible de cour martiale. Pourtant – papa, tu me comprendras – certaines ne méritent pas mieux. Elles n'ont fait aucun effort pour apprendre le français. Les plus bornées ne savent même pas où se trouve le pays des droits de l'homme. On leur dit « France », et elles vous regardent avec leurs yeux de poules. Pour les plus informées, notre pays se résume à une recette de lentilles aux lardons. Aucune ne connaît les noms de Nougaro, Brassens, Barbara, sans même parler des moins galvaudés, comme les Chaussettes noires ou Philippe Clay. Serge Lama – il n'y a plus personne, c'est vous dire. Patricia Kaas – ça n'existe pas. Stéphanie en serait folle.

En ce moment, j'ai un air qui me trotte dans la tête, c'est *J'aime regarder les filles qui marchent sur la plage*. La maman Morisot lui a envoyé le morceau via le serveur sécurisé armees.fr pour lui remonter le moral. On se le passe en boucle. Je l'ai même gravé au format reptile. C'est un hymne pour les grands garçons comme moi. J'ai branché dessus mon baladeur chinetoque pendant l'assaut du bâtiment de la CNN. Méchant top planant. La voix du type, dandy mais en même temps esclave de son désir, presque fière de subir la fesse, gorgée par l'envie de copuler, cette voix, on aurait dit qu'il nous commandait d'en haut. Pas besoin de pastille verte pour avancer à travers les balles quand on a cette musique en tête. Imaginez, j'entends *Leurs hanches se balancent par le désir de vivre* et mon famas fait pou-pou-poum. *Gentilles mais pas trop sages* : pou-pou-poum. Résultat : j'ai été cité à l'ordre du bataillon pour mon courage exemplaire. Je suis un « meilleur élément », c'est le colonel Dujardin lui-même qui l'a dit. J'ai eu droit à une demi-journée de repos que j'ai passée à écouter de vieux tubes éternels et à regarder la compil des meilleurs moments de « Des chiffres et des lettres » sur France Télévision. »

*Richier craque. Il pleure dans son coin et refuse de manger. Wagner : « La ferme, tu nous rases. » Richier sort de la grange à découvert. Il fait meilleur dehors. On entend une rafale de mitrailleuse. Wagner l'attrape et le tire en arrière. Puis, méthodiquement, il lui casse le nez : « Je t'avais dit de ne pas bouger ! » La nuit, le toit de la grange est brûlant de fièvre :*

« Ah, si seulement on avait davantage de troupes ! Les meilleurs éléments sont fatigués. On a franchi mille deux cents kilomètres en terrain hostile. Crocodiles et marécages, dollars enragés et partisans, guérilla urbaine et attaques kamikazes. Et comme par un fait exprès, le commandement nous a prévenus que les jours qui viennent risquent d'être particulièrement pénibles. Ce n'étaient que chouquettes, les hélicoptères Black Hawk ! L'ennemi a concentré le gros de ses troupes sur le Missouri, face à nous. Richier l'explique très bien par des considérations historiques mais ça ne nous facilite pas le moral. On aurait diablement besoin des réservistes, suivez mon regard. Il n'y a pas de raison que l'on soit les seuls à défendre la grande idée de la France. »

*Richier : « On va tous crever. » Wagner : « C'est celui qui dit qui y est. » Sentiment d'impuissance. Si j'aurais su, j'aurais pas venu. Le matin, à l'aube, un petit courant d'air, comme une délivrance :*

« Oui, on peut dire que votre lettre ne m'a pas fait plaisir. Je ne comprends pas pourquoi Jean-

Ramsès ne peut rien faire pour ma permission. Pourtant, à l'époque, je ne sais pas si vous vous en souvenez, j'ai pris sa place, en quelque sorte. Il avait cette feuille d'engagement pour la grande aventure, et pas moi, et pas moi, je regardais la feuille qui sortait négligemment de sa serviette, je bavais, je la trouvais magnifique. Du nougat ! Il me chauffait le sang en me remettant en mémoire les histoires d'oncle Guillaume. Quand il est sorti à la cuisine, j'ai... Il est revenu, il a rangé la serviette et on a brusquement changé de conversation. Il ne s'est même pas rendu compte ! J'ai mis mon nom, comme un gamin. Sur la feuille vierge, à l'endroit où l'on aurait dû coucher Jean-Ramsès Dubosc, j'ai posé mes tripes, mon petit ventre vivant, bien en évidence dans la ligne de mire. J'ai posté. Je me figurais que je lui avais joué un sale tour ! Résultat : c'est moi qui supporte la fournaise, l'hystérie de Richier, le zoïde Wagner. Comme un gamin...

On ne se méfie jamais assez du parle-beau. Jean-Ramsès parlait bien. Un peu comme Richier, ici. Sauf que Richier, tout intello qu'il est, à jus et retardé physiquement, il est quand même à nos côtés, face à la mort, il en ~~chie~~ BAVE dans ses chaussures, c'est pas comme l'autre qui suit nos exploits à la télévision en nous attribuant des bons points.

Forcément, ça explique pourquoi il est si « gentil » avec vous et Stéphanie : il doit se sentir fautif d'avoir envoyé un homme à la ~~boucherie~~ BOULAN-

GERIE. Je crois qu'il y aura une explication entre nous le jour où je rentrerai à la maison. Ses belles phrases de laitue ne le protégeront pas, je vous le promets. »

*L'ennemi se retire soudain. On ne tire plus. Les renforts ont dû le prendre à revers. Le soleil n'est pas très haut, mais il tape. Ce sont des mauvais UV :*

« Ne le prenez pas à cœur, chers parents. Sachez que je suis trop trop trop content d'être à ma place. J'ai l'air de me plaindre mais ce que je vis est exceptionnel. Ça vaut tous les voyages organisés. Parfois, Richier nous compare à la Grande Armée de Napoléon. Alors, je ne peux m'empêcher de sentir en moi des envies de batailles. Ici, tout en risquant notre peau, on forge une légende. Jean-Ramsès, lui, ne restera jamais qu'un rouage.

Essayez de l'expliquer à Stéphanie, avec les mots qui conviennent – je pense surtout à toi, maman, car tu es la plus diplomate. Dis-lui que Jean-Ramsès a un côté faux jeton qui finit par percer. Fais attention à tes expressions : elle est très susceptible en ce moment. Quand j'ai essayé dans mon précédent mail d'attirer son attention sur les points flous de notre ami, elle m'a retourné un message scandalisé, rempli de points d'exclamation. Comment ai-je fait pour m'abaisser à ce point et calomnier un homme aussi digne de respect que l'adorable, le prévenant, l'immaculé Jean-Ramsès ?

Sans les bontés duquel, ni elle ni mes parents ne pourraient survivre dans une France en pleine crise de l'offre. Me rendais-je seulement compte de tout ce que les êtres qui m'étaient chers lui devaient ? Elle en avait le souffle coupé. Elle me demandait même, assez perfidement, si je n'avais pas abusé de la pastille violette. Pour couronner, elle a oublié de m'envoyer un pot-pourri de la Compagnie créole, comme je l'en avais prié. Bref, je l'ai sentie blessée, alors que franchement, il n'y avait pas de quoi. Pour dissiper ce malentendu, je lui ai transmis plusieurs titres de Gilbert Bécaud que j'ai réussi à dénicher, et j'ai l'impression qu'elle a un peu dégelé. Ah, que c'est dur de comprendre les femmes et leurs mécanismes internes ! »

*Le capitaine est content. La troisième section a tenu. La météo annonce un orage pour cette nuit :*

« Évidemment, cette situation de blocage psychologique ne m'aide pas dans mon métier de soldat. Je me sens fatigué moralement, et j'ai même eu envie de pleurer quand Zannussi s'est fait ~~exploser à la roquette~~ TATOUER près d'Athens. Pourtant j'en ai vu crever pas mal, et des plus braves que Zannussi. Objectivement, il n'a pas souffert, si on compare avec Tavernier. Il y a eu un bruit, un peu comme quand la bouteille d'alcool est tombée dans la cheminée – vous vous souvenez, l'année où on a loué ce gîte rural près de la Mare-aux-Bœufs ? –, juste un bruit et Zannussi s'est volatilisé. On n'en a pas retrouvé une miette, un doigt, rien. C'est ce vide soudain à l'endroit où il y avait un homme qui m'a foutu le cafard. "Tu as pris conscience de l'éphémère", m'a expliqué Richier. J'y ai longuement réfléchi.

Portez-vous bien.

Votre fils. »

## Un fâcheux concours de circonstances

Les dollars étaient à genoux. Ils évitaient de regarder autour d'eux. Ils restaient courbés sous le poids de la honte dans leurs treillis abîmés. On aurait dit qu'ils fouillaient le for intérieur pour y trouver la clé de leur existence. Personne ne pipait. Parfois Musson leur donnait un coup de bottine, histoire de réveiller l'homme qui s'endormait en eux. Ils sursautaient, mais cet accès d'activité retombait presque dans l'instant. Telle était leur apathie, à moins que ce ne fût un complexe de supériorité habilement maquillé en détresse.

– Ohé, les gonzesses, criait alors Wolf, vous allez me secouer cette mélancolie sur vos tronches. Le photographe des armées va arriver. Pas question que vous fassiez le masque, hein.

En réalité, plus tôt dans la matinée, le photographe avait reçu un contrordre. La brigade avait capturé vivant Michael Freeman, le directeur général de McDonald's pour la Géorgie, et troisième sur la liste des personnalités les plus recherchées dans cet État. Il fallait en faire une sucette médiatique. Embourbé dans son agenda surchargé, le photographe avait oublié d'en avertir le sergent Ducasse et de décaler le rendez-vous.

Wolf n'avait aucun moyen de le savoir. Il songeait à Robin Williams dans *Le Cercle des poètes disparus* et poursuivait son travail de motivation.

– Je sais que vous pouvez y arriver. Je crois en votre potentiel.

Les prisonniers ne daignaient même pas lever un sourcil.

– Si vous ne faites pas un effort, vous n'aurez pas à boire, dit Wagner.

Mais ils ne comprenaient pas qu'ils se faisaient du tort.

Au mieux parvenait-on à leur tirer des grognements dont le sens approximatif était qu'ils voulaient rentrer chez eux.

– « Rentrer chez moi », s'indigna Musson. Tu crois que je n'ai pas envie de rentrer chez moi, moi ? Tu crois qu'on est là par plaisir, ducon ? Non mais, regardez ce malhonnête ! Il veut rentrer chez lui. Monsieur voudrait rentrer dans sa maison douillette.

Musson prenait les autres à témoin de l'incroyable insolence qu'il venait de débusquer.

On hocha les têtes en silence. Wagner pensa à sa maman à qui il n'avait pas écrit depuis un mois. Wolf, à Stéphanie, Richier, à la fille d'un charcutier imaginaire. Musson, lui, ne pensait qu'à son indignation.

– Il veut rentrer dans son petit chez-soi et mettre des pantoufles roses ? Il est un peu fatigué ? Il a trop tué de petits Français, il ne s'amuse plus au combat ? Aïe-aïe-aïe bigorneaux.

Le prisonnier regardait Musson et ne comprenait pas ce qu'il avait fait pour déclencher un tel déluge. Il y avait un décalage cognitif manifeste.

– Doucement, intervint Wolf, faut pas les traumatiser avant le photographe.

– Ah ben, je vais prendre des pincettes, dit Musson. Alors mon petit maouinsse, on repart sur de bonnes bases ? On n'est plus du tout fâché l'un contre l'autre ?

Et il le soulevait par le t-shirt.

– Y veut pas sourire, le pute-boy, même quand on lui parle gentiment, remarqua Wagner.

Wolf sentit dans ses jambes les terribles combats des nuits précédentes. Pourquoi fallait-il que les barbelés fussent toujours du mauvais côté de sa destinée ? Il chercha du regard Richier, qui aurait pu lui expliquer ce phénomène, mais l'intello à jus n'était pas dans les parages. En vain tenta-t-il de se changer les idées en chantant une ballade de Laurent Voulzy. *Belle-Île-en-mer* ou pas, il ne voyait que feux de mitrailleuse lourde.

– On va les secouer un peu, décida-t-il.

Il y avait pas loin un vieux char AMX d'occasion. La bête soufflait bruyamment à cause du système de climatisation défaillant. Elle n'était pas disponible pour aller au combat avant un bout de temps. Le moteur crachait une puissante onde de chaleur.

– Je veux des types qui chantent. Chanter, vous comprenez ? Singen. La-la-la la-la-la. Un truc jeune. Le deal est simple, ou bien tu chantes ou bien tu reçois un tir d'AMX dans le nez. The nose. Compris ? Verstanden ? Où est-il, Richier, pour leur traduire…

Ils devinaient plus qu'ils ne comprenaient. La tourelle de l'AMX avait tourné vers eux son monocle froid.

– Musson, t'es branché jeune, toi. Vas-y, montre-leur.

Musson s'éclaircit la gorge :

– Une deux trois, une deux trois… *On va leur percer le flanc, Ran tan plan tire lire au flanc…* Ça, faut le répéter deux fois, zwei mal, c'est le refrain. Allez, tous ensemble… Zusammen…

Un chant mollasson s'éleva vers les nuages qui se dispersèrent rapidement. Wolf songeait à tous les pays qu'ils allaient recouvrir de leur ombre nonchalante. Peut-être que l'un d'eux, à la faveur d'un vent favorable, parviendrait à franchir l'Atlantique et s'afficherait sur le ciel de son île, au-dessus de la maison où maman dépoterait le potager, pendant que papa spéculerait sur les œufs de leur unique poule grise en arpentant le marché noir. Maman lèverait les yeux, un peu comme Wolf en ce moment, et penserait à son fiston, encore en vie, qui se battait durement dans des contrées lointaines, risquant sa jeune vie pour la culture d'une vieille nation.

Wolf essuya une larme imaginaire qui coulait sur les joues burinées de maman.

– Oputain, ça manque de couilles. C'est pas un chant, c'est une plainte de pucelle. Vous valez mieux que ça.

On fit encore une prise. La foi de Wolf ne fut guère communicative, l'ensemble du chant restant désespérément éteint.

Il essaya de leur faire honte :

– Écoutez-moi, les pédés. Les dollars qui se sont rendus pendant la prise d'Orlando chantaient mieux que vous.

– Et si j'essayais la *Jeanneton* ? demanda Musson, un peu désemparé. Il y a des allitérations en *ton* qui doivent être faciles à assimiler, et une thématique d'ensemble stimulante.

– 'ssaye toujours, dit Wolf qui n'y croyait pas plus que ça.

Musson se tourna vers les prisonniers.

– Vous avez de la chance. La *Jeanneton* est une poésie très ancienne. Washington n'était pas né qu'on la chantait déjà. Elle fait partie du grand folklore français. Respect.

Il respira un grand coup.

– *Jeanneton prend sa faucille, La rirette la rirette, Jeanneton prend sa faucille, Et s'en va faucher les joncs*… On y va… Eins, zwei, eins, zwei…

Ce fut à peine mieux. La plupart faisaient du play-back se ralliant seulement sur les *ton* et les *ette*. On avait là une barrière manifeste. Les mauvaises troupes manquaient de motivation. Wolf se demanda ce que Robin Williams aurait fait à sa place. L'autorité ne pouvait s'exercer sans sanction, au risque de perdre sa crédibilité. Il remarqua que le canon de l'AMX pointait haut. Il fit le geste convenu.

MPOUUUUH !

Tout le monde se retrouva à terre dans un réflexe d'aplatissement. On resta ainsi le temps que les oreilles arrêtent de siffler et que l'âme redescende dans le corps.

À cinquante pieds derrière les prisonniers, un cabanon réquisitionné se mit à fumer.

Déjà Wolf se relevait.

– La prochaine fois, il tirera plus bas, prévint-il. Musson, reprenons depuis le début.

Musson fit roucouler sa voix pleine de poussière :

– *Jeanneton prend sa faucille, La rirette la riré-é-teu*…

Tout de suite, on constata une amélioration. Les prisonniers jetaient des regards troublés vers l'AMX et ne cherchaient plus à contourner l'obstacle. Ils firent un effort surhumain pour saisir la détresse du poète. Ils se hissèrent à des sommets de lyrisme inattendus. Wolf pensait : si le grand Claude Nougaro avait été là, il aurait été sous le charme. Et aussi : la culture française est d'une adhésion facile pour qui veut bien s'en donner la peine.

Des dollars qui chantaient aussi bien, on n'en avait encore jamais vu. Wolf se voyait déjà chez le colonel Dujardin en train de serrer sa petite main. Il en profiterait pour parler de la permission. « Mon colonel, dirait-il, je n'ai pas démérité. » Le colonel le taperait dans le dos en lui disant qu'il comprenait ce que Wolf voulait dire. Et voilà Wolf sur le bateau du retour. Il amène une peau de crocodile pour son père, et pour maman un sac de cookies de chez Macy's. Pour Stéphanie, une demande en mariage. Il retrouve ses copains au bar, les réformés, les pistonnés, les trouillards, et tous lui lèchent les médailles. Jean-Ramsès lui-même déroule le tapis rouge. Et Wolf n'est même pas trop fâché. Jean-Ramsès lui propose alors de venir le rejoindre au ministère. « Avec ton expérience du terrain, dit-il suavement, nous prendrons les bonnes décisions. »

Le film s'arrêta brusquement car une cacahouète désarticulée se détacha du cabanon en flammes et fit quelques pas dans leur direction. Ses bras lourdauds semblaient porter la misère du monde.

Quelqu'un cria :

– Richier, c'est Richier !

La silhouette fumante de l'intellectuel s'écrasa au sol.

– Oputain Richier ! cria Wolf à son tour. Kès tu fichais là ?

Quelle idée de s'enfermer dans le cabanon !

On courut vers le malheureux en bousculant les hypothèses. Il serait allé écrire une lettre à sa maman ou rêvasser un brin comme le font parfois les êtres dotés de vie intérieure. Peut-être avait-il hésité entre le cabanon et, disons, les ruines du Wallmart d'où l'on avait une vue dégagée sur la banlieue d'Atlanta, pour finalement choisir le cabanon marqué des Dieux, alors que l'AMX se déplaçait déjà pour venir se caler – au millimètre près – sur sa sinistre position. Peut-être même, c'était très possible, avait-il imaginé sa permission lointaine en compagnie de quelque soubrette, loin de prévoir que ces pensées légères entraîneraient un châtiment immédiat. Ou bien, plus prosaïquement, ce serait une petite commission qui l'aurait mené vers la tragédie.

Richier serrait le carnet sur sa poitrine grassouillette. Il lui manquait la moitié de la joue. Le nez posait problème. On voyait, par l'orifice, la langue bouger entre les dents. Une dernière pensée richienne s'y démenait en pure perte. Wolf se dit qu'il faudrait le rafistoler avant de rendre le corps à la famille.

Le sergent Ducasse accourut au boucan. Il décoinça les doigts glacés de l'intellectuel et récupéra le carnet.

– Que faisait le seconde classe Richier dans le cabanon à cette heure de la journée ? demanda-il de sa voix calme, figée par l'émotion, mais personne ne sut lui répondre.

On porta Richier au centre du campement. Quelqu'un eut l'idée de sortir un pistolet automatique et de le coincer entre les doigts raides. Richier prit alors une dégaine de combattant de la liberté. Avec son défaut à la figure, il avait l'air d'un vrai guerrier. Alors le sergent Ducasse se mit au garde-à-vous et lui fit un salut militaire. Jamais, dans sa vie de soldat, Richier n'avait eu droit à autant d'égards.

Puis on sentit son absence. L'univers avait un creux. Les soldats erraient sans but dans la zone commerciale dévastée. Certains se lamentaient sur leur sort en lançant des douilles dans une boîte de conserve. Même Wagner paraissait contrarié. Il pliait et dépliait ses gros doigts de tueur en série.

On ne songeait plus au photographe. Les prisonniers furent attachés par grappes à un grillage et personne ne s'en soucia pendant au moins vingt-quatre heures.

Le soir, une veillée fut organisée autour du mort. On alluma les briquets et l'on pria :

*Mon Dieu, mon Dieu, donne-moi*
*La tourmente donne-moi,*
*La souffrance donne-moi,*
*La mort au combat.*
*Mon Dieu, mon Dieu...*

Richier était couché, la tête voilée jusqu'au trou de nez. Dans la lumière vacillante des briquets, une houle baignait le long flanc qui semblait tressaillir par moments. On se demandait si Richier n'allait pas se ressaisir, se redresser et se joindre au chœur. Hélas, on avait beau le dévorer des yeux, il ne bougeait toujours pas. Il avait l'air satisfait d'un cadavre.

– Il nous manquera, le philosophe, dit Wagner, la gorge serrée.

– Oh ouais, soupira Musson.

Et il lança de sa voix trouée par l'émotion :

*– Non, ce n'était pas le ra-deau, de la Mé-du-se ce bateau...*

Ce fut un signal de ralliement. Les soldats chantèrent la prière des copains, lentement, comme un pont-levis qui se baisse sur un lac sombre.

Ainsi s'envola l'essence de l'intellectuel.

## Le carnet de Richier

Le sergent Ducasse feuilletait le vieux carnet qui avait tant souffert. Les pages couvertes d'écritures bleues et noires accueillaient son regard en rougissant. Les jours de joie, l'écriture était hachée, impatiente : on voyait que Richier avait hâte de rejoindre le groupe pour profiter d'un moment de détente. Les soirs de peine, en revanche, après de longs et harassants combats, l'écriture se faisait menue comme si Richier cherchait la solution à un gigantesque problème de mathématiques.

« Les copains sont durs avec moi, écrivait-il, mais je ne me plains pas. À leur place, je ferais pareil. S'il y avait dans les parages un petit DEA ou un DESS, je me défoulerais volontiers. Un doctorat, c'est ce qu'il y a de mieux. Il paraît qu'ils en ont un au 5e RPG. Ça met une ambiance d'oriflamme. La France est soudée par ses élites. »

Plus loin, exalté : « Les balles des dollars n'ont pas prise sur moi. Elles s'écartent sur mon passage et vont frapper Vasseur, Jussieu, Grabar. Hier pendant que l'on traquait le sénateur dans une cache aménagée par ses partisans, j'ai été pris en enfilade par deux tirs croisés. J'ai entendu, et pas le temps de plonger. Encore, et je me suis dit : terminé. Résultat : rien ! Pas un éclat ! Un morceau de plâtre de façade s'est écrasé sur mon casque, rien d'autre. J'ai pris un PA et bam bam dans le tas, bam bam, je suis vivant, bam bam vous ne me persuadez pas avec vos M16, je suis invulnérable.

Avec les mines c'est pareil : c'est toujours un autre qui les trouve.

Le sergent dit que j'ai une veine de sadique. Je lui ai parlé d'Achille, blindé de partout. Il m'a dit de la boucler, je cite, "au lieu de me la ramener comme Yvonne de Gaulle".

J'ai suivi son conseil et j'ai concentré mon attention sur la végétation tropicale. »

Le sergent sauta quelques pages :

« Cependant, on ne peut s'empêcher de penser que la guerre actuelle n'a pas de raison. Elle est là, voilà tout, comme la pluie pendant un pique-nique. Tenter de l'expliquer ne mène qu'à la frustration intellectuelle. »

Encore plus loin :

« Je passe beaucoup de temps à expliquer aux gars qu'il ne faut pas dire *big mac*, qui est une notion péjorative un peu grasse, échafaudée sur un manque avéré d'hygiène alimentaire. Le plus simple est d'employer le terme neutre *dollar*, que l'on peut qualifier par un adjectif comme *noir*, *sournois*, *glissant*, etc., si l'on tient à souligner sa nature malsaine. J'aime particulièrement l'expression *dollar fébrile*.

L'*hydre impérialiste* qu'emploie parfois le colonel fait ringard. Le *côté obscur* est plus approprié, mais on peut dire *jungle*, qui n'engage à rien, ou le très littéraire *monolithe*. La *pieuvre*, utilisée pour d'autres pays et d'autres époques, est à proscrire. Dans le règne animal, nous prendrons plutôt la *hyène*, le *chacal* ou, mieux, le *requin*, utilisé depuis belle lurette dans des expressions comme les *requins de Wall Street* ou les *requins mondialistes*. Ma préférence va au coloré *requins lubriques*, privilège d'esthète. »

« Pourquoi ne pas dire *extra-terrestres* ? » songea Ducasse. Comme il soupesait les nuances linguistiques associées à sa découverte, son attention fut attirée par un schéma étrange d'un homme nu, figé dans une pose à la Léonard de Vinci, jambes écartées et l'appareil à l'air. Une sorte de spaghetti noir s'enroulait autour de ses hanches.

La légende disait : « Le courant électrique est produit par un mouvement d'électrons qui vont de la borne – vers la borne + si l'on place entre elles une substance conductrice, comme l'eau. Le corps humain, constitué à 70 % d'eau, peut devenir conducteur si la différence de potentiel – autrement dit le voltage – est suffisante. Alors l'ampoule s'allume. »

Le sergent eut la sensation de tomber dans le vide. Il essaya de se raccrocher au paragraphe suivant. Mal lui en prit :

« Nous avons pris un dollar qui ne voulait pas nous dire. Il lançait des mots obscènes mais rien sur les troupes ennemies. Wolf suait : "Il a des infos qui m'intéressent." Moi, je songeais aux propriétés des corps électriques à résistance élevée. Wagner prit les choses dans ses grosses mains. Il n'aime pas quand ça patauge, j'ai remarqué. Il a traîné le dollar près de la batterie d'AMX. La fée électricité a fait son petit numéro. "Regarde, l'intello", criait Wagner, et je n'ai pas pu baisser les yeux. Après, je me sentais déniaisé. »

La mâchoire du sergent glissa. Ah les vermines ! Il lut et relut ce passage pour être certain de bien comprendre le sens des opérations.

Richier avait dû en faire de même, car il ajoutait page suivante :

« Je me relis et je me demande : "Suis-je devenu un monstre ?" Objectivement ce que l'on a fait mérite réprobation. Que sont devenus mes idéaux humanistes hérités de Montesquieu ? C'est justement pour éviter ces dérives qu'Henry Dunant a élaboré la Convention de Genève.

Cependant, en toute honnêteté intellectuelle, j'étais soulagé que Wagner s'en prenne au dollar plutôt qu'à moi. »

Le brave sergent Ducasse referma le carnet maudit. Il se sentait traumatisé, inapte au combat. Il resta prostré pendant une heure, puis il se connecta sur le serveur sécurisé armees.fr/aide/reclamations, où il remplit une demande de soutien moral.

La semaine suivante, Wagner passait en cour martiale. Il fut relaxé pour preuves insuffisantes. Le colonel Dujardin avait besoin de toutes les volontés pour s'enfoncer en Caroline du Sud.

## Malédiction

*Allongé dans un VAB en panne, sur la route de Charlotte, Caroline du Sud. Wagner examine les pneus. Musson pisse vers l'Ouest :*

« Parents,

Ta lettre me fait ~~chier~~ SUER. Je n'ai rien d'autre à dire. Je pense à Stéphanie. Tantôt je pleure, tantôt je trouve la situation grotesque. Tu dis qu'elle est partie avec l'autre, et moi je ne te crois pas. Tu ne connais pas Stéphanie aussi bien que moi.

Ta peine me fait honte. Si tu étais là, parents, avec ta peine, je te jure, je prendrais un famas et la discussion serait vite réglée. Dire ça de Stéphanie ! T'as pas de remords à tes cheveux blancs ? Tu t'es vu, parents, dans la glace, avec tes seins qui radotent, tes jambes amères, ton teint baisé par la vie ?

Que Jean-Ramsès soit un fils de ~~pute~~ COIFFEUSE ne m'étonne pas. Sur ce plan, ta lettre ne change rien à ce que je savais déjà. Ça concentre les couleurs, c'est tout. Maintenant je comprends pourquoi il faut que je meure, le mobile de tout le cinéma. La feuille d'engagement, soigneusement mise en évidence pour que je la prenne, le bout de fromage qui entraîne le pauvre type dans la souricière !

Tu crois que je n'ai jamais remarqué comment il regardait la Stéphanie ? Tu parles ! Il avait cette manière de *ne pas la regarder* qui ne trompait personne. Il pouvait regarder un vase ou un barbecue, imperméable aux émotions comme un joueur de poker, je savais qu'il la désirait. Il n'était pas le seul. Je te soupçonne, parents, d'y avoir parfois songé en cachette. Style, si j'avais vingt ans de moins, ta-ga-da. Car Stéphanie est une permission à elle toute seule, voilà comment elle est ! Je te connais, infâmes parents, je vois d'ici le tableau de tes bassesses.

Je m'excuse. Je ne voulais pas te dire du mal. Ça m'a échappé. Si Richier était là, il m'expliquerait pourquoi on s'en prend toujours à ses parents quand la vie fait un accrochage. Ne te crois pas innocent pour autant, sales parents qui m'ont mis au monde, je m'excuse. Ah, si oncle Guillaume était là !

J'écoute *Si j'avais un marteau*, j'ai la gorge serrée, c'est la dernière chanson qu'elle m'ait envoyée. D'abord j'ai accusé l'Internet. Il ne marche pas si bien que ça, finalement, l'Internet, même si c'est des Français qui l'ont inventé à l'époque du Minitel. Le site armees.fr est souvent saturé. Je me disais : c'est l'informatique qui ne marche pas, pauvre Stéphanie. Je blanchissais la colombe. Mais Musson a reçu sans difficulté *Marcia Baïla*, et ce bœuf de Wagner au moins trois chansons différentes de Lara Fabian. (Il a toujours eu des goûts de supermarché.)

De là à croire tes imbécillités, parents, il y a un fossé que je ne suis pas disposé à franchir. Elle n'a pas pu me tromper pour trois raisons. 1. Elle m'a juré qu'elle m'aimerait toujours. 2. Je suis un bien meilleur coup que Jean-Ramsès (renseigne-toi, parents, auprès de Mme de Saint-Ange, je sais que tu y as tes entrées, je parle pour le vieux bouc). 3. On ne trompe pas un soldat de la paix, engagé volontaire, fierté de la nation. Ça ne se fait pas. Sinon où on va ?

Parents, surtout toi, la grosse, lis ce passage à Stéphanie. Avec ta sensibilité de bonne femme, tu trouveras un langage commun. Dis-lui qu'elle aille au diable. Je leur souhaite tout le malheur du monde. Je ne suis pas méchant, ni aigri, cependant. C'est à peine si je voudrais les voir souffrir longtemps, plus longtemps que Richier, Badulot, Vasseur réunis. ~~Le petit dollar à la gégène~~ LE SOLDAT INCONNU n'a eu que des sucettes comparé à ce qui va leur tomber sur la figure, enfants, petits-enfants compris, jusqu'à cinq générations. La malédiction du soldat est collante. Comme je les plains ! Dis-leur que la guerre viendra chez eux aussi, dans leur petit havre payé avec le sang des autres. Ils se croient à l'abri sur l'île. Ils pensent qu'ils peuvent envoyer les idiots se faire tuer *là-bas* à leur place. Eh bien, je leur promets un retour du balancier. Nos souffrances dans ce pays de Satan ne resteront pas impunies. Car il y a quelque part une justice universelle qui gommera tôt ou tard le cloaque.

Sur ce, je pars me défouler, j'en ai besoin. Mon destin m'attend à Charlotte et il transpire d'impatience. Richier m'a dit un jour : "On ne sort jamais de l'enfance." Eh bien il se trompait.

W. »

## Retrouvailles

Tu te doutes bien, petit monstre, de quel pays on est venus ? Tu regardes bien les infos ? Ça commence par F, mais ce n'est pas la Floride. No-no-non. Essaye encore. Finlande ? Îles Féroé ? Hmmm ! Mauvaise réponse. Les uniformes se ressemblent tous maintenant : du kaki avec des taches. Le français n'est pas plus élégant que le dollar. Avant on avait un look. Et je ne parle pas de shako ou de plumes dans le cul façon Saint-Cyr, épaulettes, machins tressés, petits rubans. Je parle guerre moderne. Bleu horizon, sable Sahel, kaki avec trace de fer à repasser et ceinturon moulant sur la raie des fesses. Au XXe siècle on a su concilier les impératifs de la guerre et l'esthétique. Aujourd'hui, tous pareils, habillés de boue macérée. Un comble quand on connaît la place de la France dans le fascinant univers de la mode.

Le pragmatisme dollar a encore gagné, oputain. Il nivelle tout par le bas. Tu crois pas ?

Tu réponds pas, ah oui, le ruban adhésif. Faut pas croire que c'est vexatoire. On a moins envie de te taper. Vis-le comme un privilège : on te permet de garder le silence. C'est pas rien, c'est une forme de dignité. Ça donne l'air intelligent. C'est fou les bêtises qu'on peut dire sur le coup de la colère. Des bêtises qui se retournent tôt ou tard contre toi, des trucs sur la France, genre « pays de jaloux », « pleutrerie », tu te rappelles ?

Une belle invention, le ruban adhésif. Faut toujours en avoir sur soi. C'est comme le velcro. T'entends le scratch ? Attends, je vais te le refaire. Je ne m'en lasse pas. C'est bête, le scratch, mais c'est à ces petits bruits qu'on aime le métier de soldat, le scratch de la poche, le tintement mat de la cuillère en aluminium sur le récipient quand on mange sa ration, le chuintement de la pilule verte sous la langue. Ah j'oubliais, l'odeur de Kiwi qu'on met sur les bottines. Tiens, sens.

Oups, pardon, je n'ai pas fait exprès. T'as une tache sur le nez, maintenant. Attends, j'te l'enlève. T'es nerveux, ouh-là. T'es une boule d'adrénaline ou quoi. C'est un manque de magnésium. Tu manges pas équilibré. (Normal au pays du cholestérol.) De quoi as-tu peur ? Je n'ai pas fait le trajet depuis Atlanta pour te tuer tout de suite. J'ai envie de parler. Que tu le veuilles ou non, t'es un bout de mon enfance.

Je vais te dire un secret : on a failli échouer. Tu sais que tes copains nous ont pas mal ennuyés, vers Monroe ? Jamais je n'aurais cru ça de leur part. On parle d'enlisement. Faut dire que l'on est très pincettes et compagnie et que ça nous coûte gros. On aurait pu se contenter de bombarder comme des malades, puis débarquer et nettoyer les dernières poches de résistance, mais non, on fait attention à la populace, nous autres. Pas de charnier, pas de pertes civiles, un rapport en trois exemplaires à chaque balle perdue. Le sergent Ducasse y est très sensible. Pas la peine de fureter, il est pas là, le Ducasse, il est resté en arrière sur la poche de Columbia, il déprime un peu à cause de Wagner qui n'a pas été un gentil garçon. Hein Wagner ? Cela dit, on l'aime bien, le Ducasse, pas vrai les gars ? Ducasse est notre ange gardien. Il nous évite nombre de vilaines bêtises qui nous donneraient du remords.

Tu sais ce qu'on raconte ? Jean-Ramsès – tu te rappelles de Jean-Ramsès ? –, Jean-Ramsès est aux commandes de la guerre, il va demander la mise sous tutelle de ton pays par l'ONU pour achever le processus de dédollarisation. J'sais pas ce que t'en penses, mais dans ma section on est pas trop chaud. Hein, les gars ? Oh bien sûr, on voudrait rentrer au pays, encore que j'vois pas ce que j'aurais à y faire, mais à ce rythme on est parti pour perdre la guerre. Eh oui, mon pote, faut qu'on fasse vite. Ce que le soldat ne fait pas, le politique ne le fera pas à sa place. Le politique c'est la fosse du compromis nauséabond, disait le général de Gaulle. Un grand homme, oputain, qui nous rajeunit pas.

J'ai beaucoup parlé de toi à mes camarades. Ils avaient tous envie de te connaître. Fallait te trouver : pas évident. Heureusement, il y avait cette étiquette de vin avec ton code postal, et puis un type de Charlotte qu'on a chopé par hasard en Géorgie. Bingo : on est là. Certains, comme Musson, voulaient principalement te buter. « Un mec comme lui n'a pas le droit de vivre », disaient-ils. Pas vrai, Musson ? Pas la peine de rougir. Tu vois, ils te considèrent un peu comme un traître. Toi, un Français, parti vivre au pays du dollar, pourquoi ? Comment es-tu tombé si bas ? Ils ne comprennent pas. Je leur explique. Car je te connais depuis longtemps. Ce n'est pas qu'il a un mauvais cœur ni qu'il veut boire le sang des enfants du tiers monde, je leur dis, c'est qu'il a une idéologie dans la tête. En un sens c'est encore pire, car Dieu sait ce qu'on est capable de faire par idéologie. On écoute Elvis ou une autre soupe de chez toi et l'on ferme les yeux sur les problèmes de la société.

T'écoutes quoi comme musique ? Musson, montre voir ce qu'il a sur ses étagères. Dalida, Brassens, Renaud, c'est pas mal, mon pote, très français. T'as la nostalgie du pays, on dirait ? *Aime-moi* de notre ami Julien Clerc. Pas son meilleur album. Tu devrais essayer *Sans entracte*. Dis-moi, dis-moi, dis-moi, tu connais Plastic Bertrand ? Bon point pour toi. Pas grand monde qui connaît. Tu connais Plastic Bertrand, Musson ? T'étais pas né, d'accord, mais t'aurais pu te renseigner. *Ça plane pour moi, ah ih oh uh… Allez hop ! ma nana, S'est tirée, s'est barrée, Enfin c'est marre, a tout cassé, C'est prémonitoire tu vois, La la la, Le pied dans le plat…* Ça déchire.

Alors figure-toi que Plastic Bertrand ne chantait pas ses chansons lui-même. No-no-non, mon groin. No-no-non, mon câlin. Il ne savait pas chanter. C'était son producteur, un type laid, pas photogénial, qui chantait en arrière-plan, sur une bande préenregistrée. Le producteur a fait un casting, et c'est ce type, Plastic Bertrand, qui a gagné grâce à son look néo-punk. Il est monté sur scène, le producteur a envoyé la bande avec sa propre voix, il l'a un peu accélérée pour donner ce cachet disco, et l'autre s'est trémoussé en play-back comme une marionnette. Ils ont berné tout le monde ! Moi, si j'étais Plastic Bertrand…

On te butera plus tard. On ne peut pas décider de ta mort sans un procès équitable. On n'est pas des sauvages. Jean-Ramsès n'apprécierait pas. Il est très prout-prout. C'est un haut fonctionnaire. Et que penserait ta femme si on t'abattait direct, sous ses jolis yeux ? Elle serait fâchée contre nous, ce serait un crime de guerre ou un autre mot horrible. Les femmes, omaluge, c'est leur côté sensible. Ta femme, j'suis sûr, elle a un côté sensible à l'intérieur d'elle-même. Tu fais des yeux de saumon, ça veut dire « oui » ? On va vérifier pour ta femme, t'en fais pas. Elle a de la lingerie française, sinon on ne se serait pas permis. On lui fera un diagnostic, très pro, tu n'auras pas à le regretter. Pour info : ça fait trois semaines que je n'ai pas baisé. Tu le gardes pour toi, pas la peine de me foutre la honte devant mes copains.

On ne va pas lui faire de mal. Après tout, elle n'est pas responsable de tes conneries. On va juste passer chacun à son tour. Faut être partageur. Fraternité, tu connais ? Liberté, O.K., c'est top, ça sonne beau, très classe, li-ber-té. Liberté, j'écris ton nom. Liberté, tu fais déborder la baignoire. Moi, les types qui en ont que pour la liberté, je dis, c'est des bornés. Écoute bien, mec. Ta liberté s'arrête là où commence ma fraternité.

Tu vas voir, après, elles n'en sont que plus douces. On te la formate, toi t'en profites. Petit veinard. T'entends ? Elle ne crie même pas. C'est Fitoussi, il en a une petite comme tous ceux qui ont fait médecine. Pas comme Wagner. Il en a une, Wagner, c'est Top Gun. Mais il met une capote, le grand jeu. Tiens pour la peine, tu passeras en dernier, Wagner. T'entends ?

Tu devrais être heureux. Je ne te comprends pas. C'est-y pas le pays dont t'as toujours rêvé ? Pourtant t'écoutes des disques français. Ta femme a une petite culotte de Française, sur un petit cul qui n'est plus tout jeune. T'as toujours ta petite gueule de blaireau français, dollar ou pas. Je vais te dire ce qui ne va pas. Tu ne te sens pas à ta place, ici. Le monde du dollar n'est pas aussi vert que tu croyais. Il paraît que ça tient beaucoup aux relations humaines. Ils ont l'air accueillants, les gens d'ici, mais ils restent entre eux, ils te donnent pas le tiers de la chaleur humaine que tu reçois chez nous, pas vrai ? Y te parlent mais leurs paroles sont superficielles. Leurs cœurs sont bétonnés. Pas de spiritualité comme chez nous – tu te souviens du bistrot ? Leur vie intérieure est limitée par le vide. La moindre faiblesse et t'es éjecté du voisinage. Au fond, si t'avais su, tu ne serais pas parti. J'ai pas faux ?

Parfois, tu vois, quand je suis un peu las, après de durs combats, je m'interroge et j'me dis pourquoi la guerre ? N'aurait-on pas pu dialoguer ? C'est vrai, quoi. Nous avons manqué de volonté. On n'a pas eu la force de leur expliquer. Le dollar était arrogant, d'accord, mais on a failli à notre devoir d'éducateur. Car la France a une mission dans ce monde. Et cette mission ce n'est certainement pas de jouer à la brute féroce, mais d'imposer par le raisonnement – par la pensée qu'on a là – le progrès social et culturel qui fait notre pépite. Qu'on n'y soit pas arrivé cette fois-ci est dramatique. Tu vois, je suis objectif. Je ne dis pas on est tous blancs et les dollars gna-gna-gna. Je dis qu'il faut faire la part des responsabilités.

Non, t'as raison, on ne va pas y passer la journée. Je parle, je parle, et le temps ne s'arrête pas pour autant, hein. Nous avons une mission, toi et moi. Faut faire plaisir à notre grand copain Jean-Ramsès.

Récapitulons. Tu as fui ton pays comme un lâche pour vendre ta vie aux dollars. Tu n'as pas rejoint les forces françaises au moment de l'offensive des hommes libres. Ta pensée a toujours été ravagée par l'endoctrinement propre à la civilisation dollar. C'est tout ? Non, bien sûr. Il y a le passé. Reconnaît-on dans ce type, gras des joues, vêtu de son jeans de riche, le démon qui lançait des accusations sans fondement il y a une quinzaine d'années ? Oui. Très bien.

Je voudrais quand même dire un mot positif : quand vient le soir sur cette partie désolée du monde, il met Julien Clerc sur sa platine et c'est comme un cordon ombilical qui le rattache à la France.

N'empêche qu'il a déserté.

Oui, mais il connaît Plastic Bertrand.

Si tout le monde avait fait comme lui, il n'y aurait plus personne pour construire une civilisation nouvelle.

Oui, mais il était sincère dans son attirance pour le dollar. Ce n'est pas qu'il partait pour se faire mousser. Ou qu'il avait délibérément choisi le camp du Mal.

La sincérité, si elle permet de comprendre les rouages psychologiques qui conduisent à l'aveuglement, ne donne pas le droit de commettre un crime. À ce train, on devrait excuser les nazis parce que certains d'entre eux étaient sincères. Ce n'est pas avec ce genre d'arguments que l'on construira la tour Montparnasse.

Oui, mais sa vie au pays du dollar est restée modeste. Il ne porte pas de marques maudites sur ses vêtements, il n'a pas de Coca au frigo, sa femme utilise Elnett de L'Oréal, il n'a pas l'air de se la jouer dollar.

C'est parce qu'il n'en a pas encore eu l'occasion. Laissez-le quelques années de plus ou donnez-lui un semblant de succès, et vous verrez. Déjà, il s'est débrouillé pour ne pas payer d'impôts en France. Le pragmatisme égoïste fait son chemin.

Bon, on ne va pas y passer la nuit.

Coupable, lève-toi. Aide-le, Wagner. C'est l'heure du verdict. Après une longue délibération, le jury compétent déclare à l'unanimité que la peine prévue doit s'appliquer. Musson, ouvre les bouteilles. Wagner, tiens-le pendant que j'enlève le ruban.

Bois, mon garçon. Bois donc. Bois à la santé de Jean-Ramsès. Ce vin est le sang du pays que t'as trahi. Il y a cent vingt bouteilles à vider. Tu dois y arriver. Dépêche, on n'a pas que ça à faire. Certains n'ont pas encore eu leur part de ta femme, et tu sais que c'est contraire au grand principe de l'égalité. Tous à la même enseigne. Pas de privilégiés chez nous. Les privilégiés, laisse ça à la culture dollar. Fais gaffe, t'en verses à côté. Il sature déjà ? Bouche-lui le nez, il sera bien obligé d'ouvrir la bouche. Ah, si c'est pas de la mauvaise volonté… Ah si c'est pas obtus… Pas évident de faire entrer la civilisation dans des personnes réticentes à tout changement. *Chevaliers de la table ronde, goûtons voir si le vin est bon…*

Il nous quitte. Adieu, onc' Abe. Je t'aime bien. Je sens qu'on a un lien affectif bourreau-victime. T'es un souffre-douleur de mon destin, comme moi. Je vais te dire un truc à l'oreille. Au point où j'en suis, tu ne t'en tires pas si mal. Du vin, de la conversation, des racines. Le français, ta langue maternelle ! En Albanie et ailleurs, on n'aurait pas fait tant de chichis. Une balle dans la nuque et circulez ! C'est ça, la tradition française, prendre des pincettes pour vous faire crever.

Moi, personne n'aura autant d'égards. Un dollar anonyme me mettra en joue, son laser clignotera dans le viseur, il ne prendra pas le temps d'étudier le bout de rumsteck que je suis. Son index fera guili-guili sur la gâchette. Sans panache ni médailles. Son manque de culture me tuera sans plus d'émotions que si j'étais un goret.

On en reparlera. J'te laisse. Meurs bien.

## La mort du héros

On avait beau s'y attendre, la mort surprenait toujours.

Wolf avait installé son barda en terrain sécurisé. Allez savoir pourquoi, la pastille verte n'agissait plus depuis deux jours et il pleurait de sommeil. Le sergent Ducasse, lui, dormait tranquillement. Son ronflement honnête était rassurant comme le tic-tac d'une grosse pendule de grand-mère.

Soudain, comme il se glissait dans son duvet, Wolf sentit un picotement d'appendicite sur le côté droit de l'estomac. Il pensa à la ration de combat qui ferait des siennes dans les intestins. Le premier réflexe de l'homme est de rejeter la responsabilité sur ses tripes. Fut-il étonné de se voir soulevé par une hernie gonflée de gaz en expansion ? Même pas. Il eut une pensée ironique avant même d'avoir peur. Dans un magma de viande déchiquetée, le ventre trouva les oreilles, et Wolf entendit, oui, entendit, avec son bas, les forces du haut qui le quittaient.

Dans l'ensemble, la mort fut facile à vivre.

Il eut un peu mal, c'est incontestable, mais pas de quoi démonter la durite. Rien de comparable avec la double fracture ouverte qu'il avait eue au ski (et dont – comble de l'ironie – il avait minimisé les séquelles à la visite médicale d'incorporation), encore moins avec l'incident de la voiture, quand son père avait claqué la portière sur sa main égarée. Le processus n'était pas agréable pour autant : on avait l'impression qu'une volonté géante enlevait d'un coup des milliers de points de suture. Il savait cependant, par une sorte d'omniscience, que tout le cirque ne durerait qu'une minute.

C'était suffisant, pensait-il, pour revoir sa vie au ralenti, passage obligé de toute mort classique, comme le lui avait expliqué Richier, dans le temps. Rien du tout. Soit Richier se trompait, soit la vie de Wolf ne présentait pas un intérêt suffisant pour la passer ainsi à la dernière séance. Il se contenta de deviner, dans la compote qu'il avait à la place des yeux, le panier à linge sale, jaune avec des fleurs, de la maison de campagne de sa tante.

Cependant, il y eut aussi de bonnes surprises, d'ordre intellectuel. La mort permettait d'entrevoir, à défaut de comprendre, ce qu'il y avait de radicalement bancal dans l'état de vie où il s'était trouvé pendant une trentaine d'années. Du point de vue de la mort, la vie était une absurdité. On n'avait aucune raison d'être vivant quand il existait un néant aussi vide, absolument vide. Le néant était logique, entier, immuable, la vie – dangereuse et inutile. La vie sentait des pieds. C'était de la vie qu'il fallait avoir peur. C'était la vie qu'il fallait chercher à éviter, ou du moins à retarder, tant que l'on en avait les moyens.

Il prit la ferme résolution de s'accrocher au néant. Tant qu'il aurait des forces, il lutterait pour être admis dans le rien. Il ne se laisserait pas distraire par les gesticulations grotesques du sergent Ducasse, brûlé au visage par un truc au phosphore. Il repousserait du mieux qu'il pourrait les avances des camarades affolés qui le traîneraient vers le camion Renault des premiers secours.

Il fit le maximum. La vie, cette obscure chose collante, s'affairait encore dans ses viandes. On aurait dit les clientes d'un grand magasin à cinq minutes de la fermeture. Prodige de la nature : le petit bonhomme vivait encore.

## Le testament de l'électron

*Fitoussi – perplexe devant une boîte métallique d'où sortent quantité de fils, de tuyaux, de seringues. Un écran affiche des mots qu'il note patiemment sur du papier à lettres :*

« Papa Wolf, maman Wolf,

Ne vous étonnez pas que mon écriture ait changé. Je suis dans un état grave à la clinique des armées, à Miami. Mon diagnostic vital est réservé, je suis sous pilule jaune concentrée en intraveineuse, je ne sens rien de particulier et je ne vois rien. Je me demande où sont mes yeux. Mon corps est bloqué dans un énorme pansement métallique dont je perçois parfois la dure paroi à travers ma peau, à moins que cela soit une illusion. Je n'ai pas faim, vraiment pas faim du tout. Parfois, j'ai l'impression que mes hémorroïdes me chatouillent la langue. Dans ces conditions, je suis incapable de tenir un stylo, c'est Fitoussi, l'infirmier, qui écrit à ma place. Je lui dicte mes phrases par morceaux d'encéphalogramme quand j'ai des moments de lucidité polarisée. Fitoussi décrypte très bien le fond de ma pensée, même si le style est un peu télégraphique. Pour vous prouver que c'est bien moi, Wolf, et non une quelconque farce de mauvais goût, je vais vous dire quel est le nom de ma tante qui habite Saint-Justin-les-Épines : Clara Guillemot, née Léoni. »

*Fitoussi regarde sa montre. C'est l'heure des informations. Il touche un bouton. Voix* off *: « Bonjour, vous écoutez France Inter. L'arrêt des combats a été annoncé ce jour à 0 heure sur l'ensemble du front. Soldats, il est défendu de tuer des dollars. Je répète… » Fitoussi scrupuleusement :*

« Je n'ai pas beaucoup de temps. Les forces me quittent. La chimie ne peut rien pour moi. Je vais donc aller à la bonne nouvelle. Nos troupes ont fait d'immenses progrès, immenses. Je tiens à le préciser car j'ai compris que vous étiez encore désinformés par de la propagande anti-française. J'ai entendu moi-même de ces trucs à la radio qui m'ont fait mal aux endroits où j'ai encore du courant. Ils disent que nous fuyons sur tous les fronts. Que les partisans nous mènent une vie impossible, à harceler nos lignes arrière. Que nous sommes fatigués moralement par les crimes de guerre dont on nous accuse.

Que les munitions manquent. Que les pastilles vertes, même si elles sont parfaites pour prolonger la durée de vie d'un grenadier voltigeur soumis au stress des hélicoptères Black Hawk, ont des effets indésirables sur l'organisme. Ne les croyez pas. Ce n'est pas vrai du tout. En voici la preuve : *la corbeille à linge de ma tante doit être remplacée*. Vous pouvez vérifier que je ne raconte pas de salades. »

*Fitoussi est déjà démobilisé. Bientôt il rentrera au pays. Avec Wagner et Musson, ils sont trois survivants d'une section de quarante. La viande délire :*

« Les dernières vingt-quatre heures ont été décisives. Nous avons capturé le président des dollars. Il se terrait dans une cave comme un rat et il ne mangeait que des racines. Il paraît que quand un soldat du 11e l'a tiré de sa fosse, il a levé les bras et il a dit dans un français impeccable : "Je suis le président des dollars et je veux négocier." Quel aplomb ! De quoi que tu veux négocier, trou d'œuf ! J'espère qu'on va le passer en jugement pour tous les crimes qu'il a commis contre son peuple. Son avocat a des soucis à se faire.

La radio n'en parle pas encore car c'est classé secret défense. Au contraire, pour bluffer les dernières poches de résistance, on fait croire à des combats acharnés. On exagère les pertes subies. Je reconnais bien la tactique du colonel Dujardin. De là où je suis, je vois bien où il veut en venir.

Les réseaux terroristes sont démantelés. Les partisans de l'ancien régime rendent les armes. Avant-hier nous avons pris Washington. Aujourd'hui, au moment même où Fitoussi vous écrit, notre drapeau tricolore flotte sur la Maison-Blanche. Les habitants de New York lancent une pluie de confettis sur nos soldats qui défilent le long de la Cinquième Avenue. Des haut-parleurs diffusent des chants de Juliette Gréco. Une délégation culturelle bardée de cocardes est accueillie par le nouveau maire sur Broadway qui n'est plus Broadway. Vous ne le croirez jamais, Broadway s'appelle désormais « avenue Bruno-Coquatrix ». J'aimerais tellement y flâner sur des membres tout neufs en sentant au-dessus des talons le jeu de jambes de mes fessiers ! »

*Voix* off *: « Je suis avec Jean-Ramsès Dubosc, ministre par intérim. Espérons, monsieur le ministre, que cette défaite ne va pas trop démoraliser notre pays. » Le ministre : « Mes pensées vont d'abord aux victimes. Il n'est pas tolérable, je dis bien, il n'est pas tolérable qu'une poignée de militaires et d'hommes politiques fasse porter au pays tout entier l'aveuglement de leurs décisions. Cela dit, ne comptez pas sur moi pour diviser nos compatriotes, au contraire, je voudrais me placer ici en rassembleur… » Fitoussi éteint le poste :*

« Le soir, l'armistice signé, il y aura un concert géant à Central Park. On y jouera des reprises de Jacques Higelin, Étienne Daho, les Rita Mitsouko,

Alain Bashung. La foule cosmopolite dansera la farandole de la paix à la lumière des briquets. Libérés et libérateurs fêteront ensemble la fin d'un long tunnel. Les filles des dollars nous demanderont des cigarettes en échange de leurs faveurs et on leur expliquera que fumer encourage le cancer. Ce sera grandiose !

Fitoussi m'a assuré que j'ai été décoré à titre posthume de l'ordre de la valeur militaire, avec épées et couronne de lauriers. Ce qui signifie concrètement que vous avez droit à des bonus sociaux. Mes enfants, quand j'en aurai, seront pupilles de la nation : ils auront d'emblée une bourse pour préparer le concours à l'ENA. Si la garce avait su ! Elle va s'en mordre les doigts. Pour lui enfoncer le dépit sous l'ongle du gros orteil et lui faire regretter certains ornements de ma personne, vous pouvez lui transmettre mon nouveau cri de guerre :

*Saint Nicolas dans son cercueil*
*Bandait encore avec orgueil*
*u-u-u i-i-i i-i-i*
*Avec son âme en arc de cercle*
*Il soulevait même le couvercle*
*...u... i... u... i... grrrzzz*
*La légion s'en va, oui s'en va.* »

*Fitoussi tourne les boutons de la machine. L'écran reste vide. Il note dans le registre :*

« Le caporal Guillemot ne répondant plus à diverses sollicitations électromagnétiques, il a été décidé de procéder à un dernier stimulus mécanique, appliqué à l'aide d'une aiguille sur le nerf rachidien. Cette opération n'ayant pas donné de réponse satisfaisante, le recours à la pastille orange ne pouvait plus être différé. »

## Les carottes

M. Dujardin regardait sans trop y croire la femme qui se faufilait dans le potager. Elle s'approchait à petits pas, sautait les flaques, contournant les buissons, sa frêle silhouette glissait sur la gadoue sans jamais dévier. La grande pancarte « Propriété privée » ne la retarda pas une seconde.

M. Dujardin fit semblant de se pencher sur ses carottes. Surtout avoir l'air occupé. Ce n'était peut-être qu'une voisine. D'ailleurs elle était mal habillée, très pauvre dans sa petite blouse en vichy d'un autre âge. Une péquenaude. Ce ne pouvait être qu'une voisine. Qui d'autre ?

Elle se planta au-dessus de lui. Il ne disait rien. Elle hésitait. « Elle va peut-être repartir », se dit-il. Et aussi : « Je ne pensais pas qu'on me trouverait aussi vite. » Il le sentait avec sa nuque pleine de cheveux blancs.

– Colonel Dujardin ? demanda la femme.

Il se décourba.

– Vous faites erreur, ma bonne dame.

– Mon colonel, insista la femme en le regardant avec des yeux pleins de squames.

Il maudit sa charpente d'officier supérieur, ce port de la colonne vertébrale qui le faisait ressembler à un monument malgré sa petite taille. Comment avait-il pu croire qu'il passerait inaperçu au village ? Lui, si piètre comédien. Il avait trop fait pour la patrie pour s'en défaire facilement. Sa poitrine militaire avait dû attirer les regards. Pourtant il avait fait attention à choisir un coin perdu, éloigné des grands axes bureaucratiques, mal desservi par les services publics, relativement peu concerné par la guerre, où les gens étaient globalement indifférents à tout sauf à la météo…

Fallait croire que la bêtise des autres était un piètre bouclier. « Ils sont plus zélés à traquer le pauvre type sans défense qu'à garder leur pays contre l'engeance », pensait-il. De sa pelle-bêche, il remuait la terre de France avec amertume.

La femme l'attrapait par l'avant-bras. Ses doigts étaient froids et visqueux, on aurait dit une bouteille atteinte de gangrène, et il ne put retenir un mouvement de répulsion.

– Lâchez-moi, madame, non mais.

– N'ayez pas peur, mon colonel, je ne dirai rien.

Il enjamba les petits pois, se mit à exterminer une herbe qui n'avait rien de méchant. Un ver de terre se tortilla contre son doigt. Alors la femme chuchota :

– Vous pouvez me croire, mon colonel. Mon fils était au 8e RTM. Meilleur élément. Il est mort au combat.

Le petit colonel planta la pelle-bêche qui se cogna à un caillou. Il examina la femme attentivement.

– Guillemot, dit-il finalement. Caporal Guillemot, de la 3e section.

– On l'appelait Wolf, souffla la femme.

– Venez, dit le colonel. Vous prendrez bien une framboise.

Ils contournèrent le potager. Le colonel essuya les vieilles bottes et poussa la porte branlante du chez-soi.

Il installa la femme dans un fauteuil troué. Sur la table rustique de son intérieur de pauvre il posa deux verres rongés par les traces de doigts.

– Faites comme chez vous, dit-il en fouillant dans les bouteilles.

Un papier tue-mouches déroulait sa spirale jaune et noire.

La framboise péta énergiquement. Le colonel s'en versa un pouce. La femme fit « non, pas trop » du menton. Le colonel se comprima et absorba la substance.

– À la France éternelle !

Il resta stoïque à savourer le tord-boyaux.

– Tudieu ce qu'on leur a mis à Miami, dit-il enfin, le regard perdu dans de vagues strates de buée temporelle. Ils fuyaient comme des criminels. On progressait de cinquante kilomètres par jour. Et quand on a eu l'idée de couper leurs lignes de commandement. Ha ! Connais tes faiblesses, disait Sun Tzu, elles sont aussi capitales que tes forces.

Il attrapa un pot de cornichons.

– Mon colonel, dit la femme, vous aviez l'air de bien connaître mon fiston, et justement je me suis dit…

– Le secret du commandement, ma petite dame, c'est de s'intéresser aux hommes. Tous les chefs d'entreprise vous le diront. Vous pouvez être totalement incompétent mais si vous connaissez le prénom du larbin qui balaye votre bureau, vous serez aimé au-delà de vos espérances. On vous suivra sans rechigner, on mourra pour vous. N'oubliez pas de dire bonjour le matin, surtout. C'est le détail qui tue.

La femme écoutait poliment.

– Mon petit Wolf est mort dans des conditions bien difficiles, dit-elle.

– Beaucoup de valeureux garçons sont morts pour une certaine idée de la France, madame Guillemot. C'était, comme on dit, une glorieuse défaite. Comme Waterloo, comme Dien Bien Phu. Le pays va s'en servir pour se ressourcer.

Le colonel mordit un cornichon à la cheville.

– Ah, si seulement on avait eu les moyens, poursuivit-il en penchant son torse cylindrique par-dessus la table et en baissant la voix. Avec les pertes qu'on a eues, c'est pas concevable, je vais vous dire, il aurait suffi de rien du tout, qu'on mette les pertes en rang et qu'on avance dans la bonne direction en rasant tout sur notre passage, juste ça, c'est pas énorme, on l'avait, cette guerre, je vous le dis, avec honneurs et galons. Au lieu de ça, les types de là-haut (le colonel pointa son doigt vers le papier tue-mouche), les politiciens complaisants ont voulu fignoler, et vas-y que je négocie avec les dollars. La peur de l'opinion, voilà ce qui nous a fait perdre. Sans oublier les bonbons.

Il frotta le pouce et l'index.

La femme fit « oui » du menton. Elle pensait à tous les profiteurs de la guerre qui se sont enrichis sur le sang de son fils.

– Combines et compagnie ! s'emporta le colonel. On s'est fait acheter en bloc. Ils ont mis le prix qu'il fallait. Leurs banques ont des racines partout. Le dollar est dans l'air qu'on respire. Soulève la pierre, il est sous la pierre. Fends l'arbre, il est dans l'arbre.

La femme se signa.

– Ils nous ont bien eus ! tapa le colonel. Pendant qu'on se battait, le commandement négociait avec les Rockefeller. On a été manipulés. La mobilisation générale n'a pas eu lieu. On nous l'avait promis, pourtant. Faites le premier effort, qu'ils nous avaient dit, montrez au peuple que les soldats français sont capables de prendre pied chez les dollars, infligez-leur des baffes et l'on pourra décréter la mobilisation de tout le pays. Tu parles, dès nos premiers échecs, les pas de deux ont commencé en sourdine. Ce char Leclerc de malheur, à un million d'euros pièce, qui ne résiste pas à de la petite mitraille, ah ! dès ce foutu char, madame Guillemot, les politiciens ont commencé à flirter avec l'ennemi. La paix s'est faite sur notre dos. On a laissé nos troupes s'enliser. Les dividendes n'ont pas été perdus pour tout le monde, moi je vous le dis. Certains ont fait de bien jolies carrières.

La femme le savait bien. Cela faisait longtemps qu'elle n'avait pas vu Stéphanie. Avant, elles se croisaient au *Huit-à-huit*, surtout le vendredi, jour d'arrivage des œufs et de la margarine. Fallait croire que la femme d'un ministre fréquentait d'autres distributeurs. Les cartes de rationnement n'étaient pas pour ces garces.

– Ah, je ne dis pas qu'on a tout perdu. Les dollars prendront des pincettes, désormais. Ils savent que l'on peut être dangereux. Ils feront semblant de s'extasier sur quelques figures emblématiques de la culture française, François Truffaut, Mireille Mathieu, Charles Aznavour, pour ne citer que les valeurs sûres. La flatterie, ma brave dame. Il n'y a rien qui marche autant sur un Français. Qu'on nous fasse croire que nos petites compresses culturelles sont admirées dans le monde et nous voilà enfarinés ! Mais ça ne changera rien sur le fond. La culture dollar contrôlera tout clandestinement. Votre fils est mort pour rien. Ah, vous faites bien de chialer, ça soulage. Moi, je suis à sec depuis longtemps, réduit à me planquer comme un criminel de guerre, car ils nous ont fait porter le chapeau de leurs bassesses. La loi Dubosc, une loi scélérate, votée en catimini par des technocrates…

Le colonel était debout, dans toute sa splendeur d'homme de guerre en colère.

– Alors, justement, mon colonel, ce qu'on dit, les tortures, les mots horribles, c'est pas vrai ?

Il hésita entre la pitié qui lui commandait de mentir et son pragmatisme de soldat droit dans ses bottes.

Comme le crépuscule se faisait sombre, il tourna l'interrupteur en porcelaine. L'ampoule de quarante watts grésilla en projetant des bouts de lumière sur le visage jaunâtre de la femme. Au bout de quelques instants de déséquilibre, le filament capitula face aux ténèbres.

– Bon sang ! jura le colonel. Je vous demande pardon. C'était la dernière ampoule qui me restait.

Il fouillait un tiroir à la recherche de bougies.

– Jamais, madame, jamais un soldat de la République. Nous ne sommes pas de la race de ceux qui commettent des bêtises de guerre.

Laissez ça aux dollars et consorts. L'éthique du soldat Français l'en empêche fondamentalement. À la base, on a été conçus différemment. Jamais par exemple on ne profiterait d'une femme en détresse. Le Serbe, oui. Le Russe, oui. Le Français, non. Là où un dollar sort sa grosse, hum, enfin vous comprenez, un soldat français est immaculé comme un ange. On est du genre à tendre l'autre joue.

La femme le regardait avec reconnaissance.

– Merci, mon colonel, vous m'enlevez un poids de la conscience, parce que vous savez, les voisins, ils aimeraient bien récupérer notre jardin qui donne sur l'avenue du Général-de-Gaulle, alors ils font circuler des ragots peu ragoûtants. Déjà on a salopé notre mur avec de la peinture. Des mots durs, « criminels », « militaristes », « nazillons », vous vous rendez compte, moi, dont l'arrière-arrière-arrière-grand-père a fait Résistance.

– À qui le dites-vous, ma 'tite dame, acquiesça le colonel, ses mains toujours perdues dans le bordel. Moi, toute ma famille a pris le maquis et je ne compte pas le nombre de mes aïeux fusillés par les Allemands. Par douzaines. Quand j'ai un doute sur mon utilité dans ce monde, je pense à leurs exploits proverbiaux, je me sens observé par leurs yeux sans complaisance. *Nous au-rons le sublime orgueil, de les venger r'ou de les suiv'reu*, comme on dit dans la chanson.

Ils se taisaient pour mieux savourer les liens invisibles et glorieux qui les unissaient à leurs ancêtres.

Enfin, le colonel mit la main sur une lampe à pétrole. Une lumière d'un autre âge éclaira son modeste logis.

– Je ne vais pas vous embêter plus longtemps, dit la femme.

– Ce fut un plaisir, madame. J'ai dû vous sembler un peu bourru tout à l'heure. Je m'en excuse. On n'est jamais trop prudent, vous savez. D'ici qu'on nous goudronne publiquement, ce ne sont pas nos chers parents qui seront contents.

– On est tous dans le même bateau, dit la femme.

Le colonel la raccompagna vers la porte branlante.

– Il faut pousser, enfin pas trop fort, hop, elle s'ouvre toute seule.

– Merci, mon colonel, dit la femme sur le pas de la porte. Vous avez donné un calmant au cœur blessé d'une pauvre mère.

– J'aurais tant voulu en faire plus, dit le colonel. Hélas, les dollars nous ont possédés. Pour cette fois. Car sonnera l'heure de la revanche, j'en suis persuadé. Les trompettes joueront l'hymne à la joie. Les salopards ne perdent rien pour attendre.

La femme serra son avant-bras. Elle ne paraissait plus repoussante du tout. Le colonel l'embrassa sur le front.

– Allez, ma brave dame. Soyez courageuse. Nos enfants ne le verront peut-être pas, ni les enfants de nos enfants, mais à la troisième génération, on redressera l'échine, je vous le promets. On ne fait pas tourner la France en bourrique éternellement. Les dollars vont avoir une surprise. On va tirer les leçons de nos défaites. On n'a pas été assez rapides ? On a été trop mous moralement ? trop gentils à leur chanter du Maurice Chevalier et du Bobby Lapointe ?... Ça va changer. Vous ne me croyez pas ?... Laissez-moi vous dire un petit truc. Approchez... Nuke-nuke, le petit blaireau. Si vous voyez ce que je veux dire. La France est une puissance nucléaire. Il n'y a pas que le Pakistan ou la Corée du Nord. Mais chut.

Le colonel plaça l'index sur les lèvres de la femme. Une lumière joyeuse dansait dans ses yeux qui avaient fait l'École de Guerre.

– Prenez donc quelques carottes, dit-il.

La femme s'éloigna à travers le potager. Les pousses de fenouil caressaient ses mollets. Elle était presque heureuse, comme si elle l'avait sur elle, sous sa petite blouse vichy, cette bombe tant désirée, une bombe bien pratique qui liquiderait la populace tout en conservant intactes les infrastructures, sa petite maison et le portrait de son fils orné d'un bandeau noir.

Le soir, elle fit une soupe aux légumes.

Après une brillante carrière au ministère des Affaires étrangères, Jean-Ramsès Dubosc prit une retraite anticipée et se consacra à l'écriture pour la jeunesse. Son célèbre recueil *Mille et une histoires d'oncle Guillaume* est considéré comme un classique par des millions de mamans dans le monde.

Sa femme Stéphanie mourut en couches dans sa trente-troisième année.

Sur la place centrale du village, le monument aux morts fut complété par Wolf Guillemot, classé sous la rubrique « Guerre d'Algérie » car on n'avait pas le cœur à ouvrir un nouveau chapitre. Les jours de grand soleil, un lézard venait se chauffer dans les creux de son nom.

TABLE

Achevé d'imprimer en décembre 2004
dans les ateliers de Normandie Roto Impression s.a.s.
à Lonrai (Orne)

N° d'éditeur : 1885
N° d'imprimeur : 043213
Dépôt légal : janvier 2005

*Imprimé en France*